DVとアフターケア

暴力・虐待からの生活再建と支援制度

臨床心理士・公認心理師
林 久美子

花伝社

ＤＶとアフターケア——暴力・虐待からの生活再建と支援制度◆目　次

序章　DVのその後を生きるために
——DV被害者の自立支援の必要性　5

第1章　DV被害者支援の現状　13
第1節　DVの定義と実態　13
第2節　DVが被害者女性に及ぼす影響　21
第3節　DVからの回復に関する理論的枠組み　28
第4節　DV被害者への法的支援　31
第5節　DV被害者支援の現状　42
第6節　施設退所後の支援：アフターケアの現状　59

第2章　研究の方法　66
第1節　研究デザイン　67
第2節　研究協力に関する手続き　68

第3節　倫理的配慮　72
第4節　調査方法・調査内容　73
第5節　データ分析　75

第3章　A氏のケース：「この家族の仲がよかったらいい」　79

第1節　暴力からの脱出　83
第2節　〝つながり〟を切望する　88
第3節　恐怖・不安・孤独との闘い　91
第4節　落ち着く過程の辛さ　103
第5節　弾力性を持った生活の安定　114

第4章　B氏のケース：「一歩踏み出そう」　123

第1節　規範の呪縛（に生きる）　127
第2節　DV被害者となる　137
第3節　世間に怯える　141

第4節　過去との対話―現在と未来を見据える　150

第5章　本書のまとめ　161

第1節　生活再建の過程における困難の様相　162
第2節　自立生活を（回復を）阻害する要因　169
第3節　アフターケアの課題　175

終章　180

謝辞　187
注　194
引用文献　(1)

序章

ＤＶのその後を生きるために
――ＤＶ被害者の自立支援の必要性

1 問題の背景

ＤＶとは、Domestic Violence の略語であり、一般的には、配偶者や恋人など親密な関係における暴力を指す。ＤＶ[1]については、２００１年に「配偶者からの暴力の防止及び被害者の保護等に関する法律（以下、ＤＶ防止法と記す）」が制定され、被害者の相談、保護、自立支援に関する対策がとられて久しい。また、新型コロナウィルスに対する外出制限の裏で、女性や女児に対する暴力という「陰のパンデミック」が拡大していると国連女性機関が警鐘を鳴らしたことは記憶に新しく（内閣府男女共同参画局 2020）、日本においてもＤＶへの対応が求められた。

ＤＶ被害を概観すると、配偶者暴力相談支援センターにおける相談件数は２０１４年度以降10万件を超え、２０２１年度は12万２４７８件であり、うち、男性からの相談件数は３１４７件であった。コロナ禍に内閣府が設置した「ＤＶ相談＋（プラス）」の５万４４８９件と合わせると、２０２１年度の相談件数は、コロナ禍以前より約１・５倍増加している（内閣府男女共同参画局 2022a）。なお、２０２１年度の婦人相談所[2]による一時保護件数は委託を合わせて、女性が３０９３人、同伴家族が２４４４人であった（厚生労働省 2023）。警察は緊急時、及び安全対策に関する相談窓口となっており、２０２２年度の配偶者からの暴力事案等の相談件数はＤＶ防止法施行後最多の８万４４９６件を記録し、相談者の73・１％が女性であったと報告されている（警察庁 2023）。相談件数の増加はＤＶが社会的に認識された証左であるといえるが、被害の拡大や深刻化が懸念される。

現在行われているＤＶ被害者への支援は、都道府県に設置されている婦人相談所が配偶者暴力相談支援センターの機能を有し、一時保護の実施や市町村への支援、及び連絡調整、広域的な施策や関係機関との調整など支援の中核を担っている（ＤＶ防止法第3条）。また、市町村は身近な行政の窓口として、相談業務や地域における継続的な自立支援等を実施している（ＤＶ防止法第3条）。相談は都道府県も市町村も行うが、一時保護は婦人相談所が担い、一時保護委託も実施されている（ＤＶ防止法第3条）。委託施設は母子生活支援施設や民間シェルターなど全国に３３０ほどの施設があり、筆者の勤務する婦人保護施設[3]もその１つである（厚生労働省 2023）。

２０２１年度の婦人相談所による一時保護の平均所在日数は16・８日であり、主な退所先は、母子生活支援施設や婦人保護施設等への「施設入所」が約33％、住宅を借り転居する「自立」が約14％、実家等への帰郷が約13％、帰宅が約16％であった（厚生労働省 2023）。相談機関や弁護士等と相談を重ねる中で一時保護となる人もいるが、通報によって駆けつけた警察官に避難を勧められたり、役所に相談したその日に保護を促されたりするなど、期せずして一時保護となることは珍しくない。新たな生活へと踏み出すには、相応な支援が必要となる。

転居後の自立支援は、配偶者暴力相談支援センターが援護等に関する制度の情報提供や関係機関への連絡調整、住宅の確保、就業の促進等を担うことになっている（ＤＶ防止法第3条）。2013年に告示された「配偶者からの暴力の防止及び被害者の保護等のための施策に関する基本的な方針（以下、基本方針と記す）」では、都道府県が策定する基本計画について、被害者の立場に立った切れ目のない支援、関係機関等の連携、安全の確保への配慮、地域の状況を考慮することを求めている。また、市町村には最も身近な行政主体として、転居後に関係機関と連絡調整を行い、継続的な支援を行うよう求めている。

このように施策として支援が位置付けられているものの、実際にはＤＶ被害者は安全面を考慮し、土地勘がなく、知り合いもいない地域への転居を余儀なくされる場合も多く、自立に向けた困難は想像に難くない。加えて、転居手続き、離婚に関する手続きなど解決しなければならない問題は山積しており、転居後も多面的な支援を必要とする当事者は多い。

そのため、筆者が勤務する婦人保護施設では、当所で一時保護となったDV被害者の求めに応じ、退所後もアフターケアとして支援を行っている。筆者もその一端を担っており、DVが女性や子どもの生活面や心理面のみならず、母子関係やきょうだい関係をはじめとする対人関係、被害女性の就労や子どもの進学といった将来など多岐、かつ長期に渡り影響を及ぼすことを実感してきた。当事者が背負わされる生きづらさや不利な状況は行政が想定し、提供する〝自立支援〟の枠では捉えきれない困難であるといえる。一方で、自分自身と向き合い、一歩ずつ生活を立て直していく姿にも触れてきた。本書では、一時保護を経て、地域で安定した生活を築くまでの困難を当事者の視点から捉え、当事者が求めるアフターケアについて検討していく。

2　アフターケア「婦人保護施設退所者自立生活援助事業」について

「婦人保護施設退所者自立生活援助事業（以下、アフターケアと記す）」は、婦人保護施設退所者が地域で安定した自立生活を継続して送ることを目的として、１９９１年に厚生省（現厚生労働省）社会局長により通知された制度である。支援内容は、①日常生活に対応する援助（食生活、健康管理、金銭管理、整理整頓等）、②地域及び職場での対人関係に関する指導、③関係機関等の活用方法、④家族・親戚との交流促進、⑤その他社会生活における相談、余暇指導の5項目が提示されている。アフターケア担当者はこの5項目を意識しつつ、カウンセリングや生活保護の申請等の役所関係、離婚等に関する弁護士相談、医療機関等への同行支援や家庭訪問などを行うこととなる。なお、利用については当事者と婦人相談所、婦人保護施設の三者の合意を要し、利用決定後に個別支援計画を作成する。

婦人保護施設は全国に47か所あり、アフターケアを実施している施設は、２０１７年度では11施設、２０１８年度は8施設である（厚生労働省 2019）。婦人保護施設長を務めた河野（2013）は、国が定めるアフターケアの実施条件[4]に満たないため、無償で支援を継続している施設もあることから、制度が支援の実情に見合っていないと指摘している。

このようにＤＶ被害者の自立支援について、重要な位置を占めているにもかかわらず、公的施策が十分とは言い難いアフターケアであるが、これに関する調査研究は管見の限り見当たらず、須藤（2011）による婦人保護施設の課題に関する研究や東京都社会福祉協議会婦人保護部会（2017, 2023）による婦人保護施設実態調査において、事例の概要が報告されるに留まっている。

DV被害者の自立支援の重要性は社会全般で理解されつつあるが、その一方で、DV防止法において定められている制度や社会資源を利用してもなお、生活再建に困難を抱えるDV被害者は多い。被害者が加害者と離れ、新たな地で生活を再建する過程において直面する困難、その困難が生活再建を阻む様相、困難への対処、支援者に要望する支援といったアフターケアの実践に関する知の創造が求められている。

なお、施設と施設利用者にとっては、施設退所後の継続的な支援であるため〝アフターケア〟と認識されるが、転居先の自治体や支援機関にとっては転入や制度利用の手続きが支援の開始となるため、DV被害後ではあるが〝アフターケア〟とは認識されない。

3　本書の目的と調査概要

本書の目的は、一時保護を経たDV被害者が新たな地域で安全で安心できる生活を築くために提供するアフターケアの意義と課題を検討し考察することである。そのために、DVが被害者の自立に及ぼす影響と現行の支援施策を概観した後、以下の論点について研究を展開する。

(1)　アフターケア利用者が生活再建の過程で直面した困難、及び困難が生活再建を阻む様相

(2) アフターケアの意義と展望

ＤＶ被害当事者の一人のケースを丁寧に追跡し、分析した研究は少なく、当事者の視点から生活の困難や必要とする支援を統合的にみた研究は管見の限り見当たらない。その要因として、ＤＶ被害等やその後について語れるまで回復する難しさ、総合的かつ継続的な支援を行う機関の不足、当事者と支援機関（者）双方の安全の保障の問題などがあげられよう。ＤＶのある生活から一時保護を経て、新たな生活を築く際に直面する困難や困難を乗り越える様相を描いた本書が、婦人保護施設におけるアフターケアに留まらず、ＤＶ被害者への理解を深め、支援のあり方を検討するための一助となればと考えている。

なお、本書ではＤＶ被害者、被害者、当事者は同じ意味を指すが、論を展開する上で文脈に応じて適宜使い分けることとする。

4 本書の構成

本書は全7章からなる。まず、序章においてＤＶ被害の現状を概観し、筆者の勤務する施設について紹介し、本研究の目的と意義について述べる。続く第1章では、ＤＶの本質について整理し、ＤＶの実態を述べる。次に、ＤＶ被害者が抱える困難について心理社会的状況に関する先行研究と支援の現状を概観し、支援における課題を検討する。そして第２章では、筆者が実施したインタビュー調査の手続き、分析の方法等について説明し、第３章と第４章ではインタビュー調査の結果とその考察をまとめる。そして第５章では総合的に分析を行い、アフターケアの意義と課題を考察する。最後に、終章において、本研究の限界と残された課題を述べる。

第1章　DV被害者支援の現状

本章では、DV被害者が抱える困難と支援の現状を明らかにする。まずはじめに、これまでの調査研究や資料をもとに、DVの定義と実態について述べ、次にDVが被害者女性に与える影響について先行研究を概観する。続いて、DVからの回復に関する理論的枠組みを検討し、DV被害者支援の現状を紹介する。その上で被害者の施設退所後の支援を概観し、DV被害者の法的支援についてまとめる。

第1節　DVの定義と実態

1−1　本稿で用いるDVの定義

DVとは何か

学術論文におけるDVという用語の登場は、1970年代に遡る。当時の第2波フェミニズムが、親密で個人的な関係にある男性からの暴力をＤＶと定義したことで問題が浮き彫りとなり、「Battered Women's Movement（被殴打女性運動）」が展開された（戒能 2002）。ＤＶ研究のパイオニアであるウォーカー（1979 斎藤訳 1997）は、ＤＶの本質を身体的、性的、経済的、家族的、社会的威圧による恐怖で女性を支配するものと述べている。また、ハーマン（1992 中井訳 1999）は、ＤＶ加害者の目的は、被害者を奴隷化することにあり、その方略として恐怖と孤立化が用いられ、被害者は無力化される上に、経済的、社会的、心理的、法的従属という見えない障壁により監禁状態に置かれると論じた。そして、声を挙げられない状態に置かれた被害者は、社会の中でその存在を見えなくされてきたと指摘している。

ＤＶの問題の社会的認知は、第２波フェミニズムに端を発したため、当初は、夫から妻へ、男性から女性への暴力という方向性が強調されたといえる。しかし、村本（2013a）によると、妻から夫への暴力や同性カップル間にも暴力が発生していることから、アメリカ合衆国ではＤＶという用語は、ＩＰＶ（Intimate Partner Violence、親密な関係における暴力）という用語で統一されている。加えて、この親密な関係における暴力には「ジェンダーの対称性」の問題や人種、文化、階級など多様な背景が関わっていることが指摘され、支援体制について再考が求められているという。

日本においても、女性の約4人に1人、男性の約5人に1人が配偶者から被害を受けていることが明らかとなっており、被害者は男性でも女性でもいずれもあり得る（内閣府男女共同参画局 2021a）。なお、わが国で2001年に制定された「配偶者からの暴力の防止及び被害者の保護等に関する法律（DV防止法）」においても、被害者の性別は規定していない。

わが国では「夫婦喧嘩は犬も食わない」というように、夫婦間の暴力は長年見過ごされてきたが、その一因に、暴力とは何か、その本質について、現在に至るまで共通認識が得られていないことが考えられる。暴力とは、人が本来有する安心して生きる権利、自信を持って生きる権利、選択の自由の権利を奪うもの、つまり人権侵害であり、「自分の欲求や感情を、相手の欲求や感情は無視して、より強力なパワーを背景に、一方的に押し付ける行動」（森田 1999, 藤岡 2008）と考察されてきたものでもある。

これらのことから、DVとは、親密な関係における暴力といえる。親密な関係とは、夫婦や元夫婦、恋人といった関係をいい、ジェンダーを規定しない。さらにDVの概念は、親密な関係においてあらゆる暴力を用いて一方を支配することであるといえ、経済的暴力、行動を制限するなどの社会的暴力も含まれるものでもある。

したがって、本書では、DVを「親密な関係においてあらゆる暴力を用いて一方を支配し、被害者の安心して生きる権利、自信を持って生きる権利、選択の自由の権利が侵されている状態」と定義し、これにしたがって本書を進めていくこととする。

DVの背景にある問題

DVの問題は、ジェンダーを規定しておらず、本来、被害者は女性に限らないことは前節で確認した。しかし、現実的には女性が圧倒的に被害者となっていることが報告されている（内閣府男女共同参画局 2022a, 警察庁 2023）。

その背景について、「経済的扶養の担い手としての男性」と「ケアの担い手としての女性」というジェンダーの問題があるという指摘がある（湯澤 2007）。すなわち、「男性が稼ぎ主となる」という想定をした男性中心的な雇用形態、及び生活保障システムは離婚後の経済力の不均衡にも影響するのみならず、男女の賃金格差が大きい現代社会においては、女性は結婚制度に一定の生活の保障を求めざるを得ない構造があり、男女関係が「経済的扶養‐被扶養」から「支配‐被支配関係」に転じる危険性を孕むこととなる（湯澤 2007, 大沢 2015）。そして吉中（2017）は、このような経済的な不平等は構造的な暴力であると指摘している。

また、DVが起こっている状況において、さらにDVから子どもを守りつつ、DVのある生活環境を維持しなければならないという葛藤（宇治 2013）、子どもよりも夫中心の生活を強いられる困難（問本・友田 2017）、自身の安全よりも家族の維持が優先される（米山 2005）といった状況に女性が置かれている、ないし置かれやすいことが報告されている。これらの報告からは、女性へのケア役割の期待がＤＶ関係からの離別を困難にさせ、暴力を長期化、深刻化させる要因となっていることは明らかである。すなわち、ＤＶはジェンダーに基づく、社会構造上の不平等を背景に生じると言明できよう。

以上のことから本書は、ＤＶとは、親密な関係においてあらゆる暴力を用いて一方を支配することであり、被害者が安心して生きる権利、自信を持って生きる権利、選択の自由の権利が侵されている状態を含むものと定義することに加えて、ジェンダーに基づく暴力であるという認識に立つ。それは、ジェンダー規範に縛られ、支援要請の声を上げにくいであろう男性被害者や性的マイノリティといった多様な性にある被害者の声を無視するものではないことを付記しておく。

但し、本書では、公的機関等で報告されているＤＶ被害者のほとんどが女性であるということから、調査対象を夫婦関係にある／あった女性への暴力に限定して述べる。

1－2　ＤＶの実態

内閣府男女共同参画局（2001）では、暴力の実態を多面的、かつ包括的に把握するため、被害女性62名へのインタビュー調査を行っている。その結果、打撲や骨折、首を絞められるなど暴行罪や傷害罪、殺人未遂、不同意性交等罪に該当するような暴力が報告され、さらに、身体的暴力の苦痛よりも大きな精神的な傷つきや、身体的暴力の後の性行為の強要など暴力は重複し、心身に深刻な影響を及ぼしていることが明らかとなった。加えて、暴力が潜在する要因について、加害者によって暴力が正当化され、責任転嫁されることにより、被害者が暴力を受けていると自覚することが困難となること、家族を崩壊させてはいけないといった家族観への社会通念、及び固定的な性別役割が指摘されている。

同じく内閣府男女共同参画局では、１９９９年から3年おきにＤＶ施策の推進を目的とし、暴力の実態を把握するため、「男女間における暴力に関する調査」を実施している。この調査は無作為抽出のアンケート調査であり、「身体的暴行」「心理的攻撃」「性的強要」に関する被害経験を問うており、２０１４年度から「経済的圧迫」が追加された（内閣府男女共同参画局 2015）。２０２０年に行った調査では、女性の25・９％、男性の18・４％が配偶者から何等かの被害を受けたことがあると回答している。暴力に関する認識は、性別による大きな差は認められず、「平手で打つ」については女性の15・9％、男性の16・6％、「殴るふりをして脅す」では女性の21・0％、男性の25・5％、「大声で怒鳴る」に関しては女性の37・3％、男性では43・8％が、それぞれ暴力に当たらない場合もあると回答している。その理由については、「夫婦喧嘩の範囲」（女性53・2％、男性53・8％）が男女共に多く、「間違いを正すために必要な場合がある」（女性35・6％、男性47・5％）、「夫婦間ではよくあること」（女性24・5％、男性28・0％）、「暴力を振るわれた側にも非があったと思うから」（女性20・0％、男性22・1％）と続く。また、子どもの26・5％が何らかの被害を受けていることも報告されている（内閣府男女共同参画局 2021a）。これらの調査結果からは暴力の軽視や正当化、延いては、被害の認識の遅れによる事態の深刻化や子どもへの暴力の影響が懸念される。

先述したように、配偶者暴力相談支援センターにおける相談件数は、統計が開始された2002年度の3万5943件から、2014年度以降は10万件を超え、2021年度は12万2478件となっている。うち、男性からの相談は3147件と全体の1割に満たない（内閣府男女共同参画局 2022a）。

一方で、婦人相談所における、親族からの暴力や帰住先なし等を含む一時保護件数は、2013年度の6625件をピークに微減傾向にあり、2021年度は3093件となっている

（厚生労働省 2023）。なお、コロナ禍において内閣府は２０２０年4月より電話やＳＮＳを活用した「ＤＶ相談＋（プラス）」を設置し、24時間対応の相談を実施している。相談件数は、２０２０年度は5万２６９７件、２０２１年度は5万４４８９件、２０２２年度は4万７９７１件となっている（内閣府男女共同参画局 2023a）。また、市町村等が設置している配偶者暴力相談支援センターでも婦人相談所とは別に独自の緊急一時保護を実施しており、２０２１年度は５９８件であった（内閣府男女共同参画局 2022a）。

婦人相談所における一時保護件数が減少している背景には、相談窓口の増加など相談体制が整備されつつあることのほかに、携帯電話の使用や通勤・通学を含む外出の制限等により本人の同意を得られないこと、経済面の不安や子どもの存在による離別への躊躇、一時保護の要件が定まっていないことによるハードルの高さなど様々な要因が推測される（内閣府男女共同参画局 2021a, 2022a, 2023b, 厚生労働省 2018）。他方、警察での相談件数は、２０２２年度は8万４４９６件、暴力事案等の検挙数は８５３５件であり（警察庁 2023）、一時保護件数の減少がＤＶの減少や軽症化を意味するものではないことが示唆されている。

第2節　ＤＶが被害者女性に及ぼす影響

近年、若年層における親密な関係の暴力（デートＤＶ）についても実態とその影響に関する研究が進められているが（上野・松並・青野 2018, 上野・松並・赤澤・井ノ崎・青野 2019）、本研究の対象は夫婦関係にあった女性であるため、デートＤＶは除外し、これまでの先行研究の調査対象であった夫婦関係にある／あった女性に限定してＤＶ被害者が抱える困難について、心理社会的状況に関する研究をみていきたい。

2-1　ＤＶが被害者に及ぼす心理社会面への影響

内閣府男女共同参画局（2001）による事例調査では、ＤＶを受けた女性に、感覚の麻痺や自己評価の低下、無力感等がみられることに加え、逃げる気力や相談する気力も失っていることが指摘されていた。心理面への影響に関する量的調査は、婦人相談所や市町村の相談窓口など公的機関を中心に行われてきたが、その結果、一時保護や公的相談機関を利用した女性の約４割にＰＴＳＤや気分障害、不安障害、またはその疑いが認められ、長期に渡る支援の必要性が提言されている（柳田・米田・浜田・加茂・金 2004, 石井・飛鳥井・木村・永末・黒崎・岸本 2005, 吉田・小西・影山・野坂 2005）。

ただし、精神的な支援だけでは十分とはいえない。ＰＴＳＤに罹患したＤＶ被害者の症例報告からは、当事者のニーズに沿った生活の実現や喪失感や痛みの共有、孤立無援感の軽減といった生活の満足感や安寧感の重要性が指摘されている（大岡・金・前田 2009）。加害者の存在による脅威、離婚手続きの問題、経済面および住環境への適応の問題等を抱えていれば、ＰＴＳＤを含む精神的困難に対する支援のみでは十分でないことは容易に想像がつき、ここからもＤＶ被害者が生活困難に対処できるようにするための包括的な支援が求められているといえるだろう（伊藤・中澤・加茂・氏家・鈴木・金 2015）。

ＤＶの深刻な影響が明らかとなる一方で、離別の困難さについても研究が進められている。加害者との関係を断ち切れなかった女性について、宇治（2014）によれば、ＤＶが起こるような2人の関係性を作った責任は自分にもあると感じ、関係の改善を期待するという特徴がみられるという。加えて、ナット（1999 鶴訳 2011）は、男性との関係でアイデンティティを規定してきた女性にとって、離別は関係喪失だけではなく、アイデンティティの喪失の危険を冒すことにもなると指摘し、性役割のメッセージが、女性を暴力関係に巻き込みやすくする上、暴力関係に直面した時の選択肢を制限し、離別を困難にすると論じている。また、ＤＶ被害者の特徴として「被害者性の認識のなさと加害者への依存」、「将来への展望が持てなくなる」こと、「関係機関と信頼関係を築きにくくなる」ことが挙げられている（橋本 2012）。ほかにも、世間体を気にする親族に離婚を反対されるといった周囲の無理解、暴力に対する痛みや恐怖の感情の鈍磨、心身の疲弊等が離別を困難にしていると報告されている（山田・宮本・山本・米山・工藤 2006）。

内閣府男女共同参画局（2021a）の調査によると、ＤＶを受け、離別に至った女性は16・３％に留まっている。別れなかった理由は、「子どもがいる（妊娠した）から」（71・３％）、「経済的な不安があったから」（52・５％）等、子どもの存在と経済的な不安が挙げられているが、その背景には「子どもをひとり親にしたくない」（53・５％）、「養育しながら生活する自信がない」（34・６％）等、母子家庭がおかれている厳しい現実が窺われる。他方、子どもに影響や危害が及ぶに至り、「子どものため」に家を出た女性や、子どもが離別を勧めるなど子どもがキーパーソンとなった女性も少なくない（内閣府男女共同参画局 2001，今村・峰 2010）。

これらの報告は、離別しない理由を子どもの存在や経済的不安と単純化するものではなく、また、個人の問題に帰すべきものでもなく、ジェンダーの視点からＤＶを捉え直す必要があることを示している。

2-2　DVの子どもへの影響

ＤＶの子どもへの影響は早くから懸念されており、２００４年に改正された「児童虐待等の防止法（２０００年制定）」では、ＤＶが子どもに対する心理的虐待にあたると定義された。近年は、「面前ＤＶ」として児童相談所への虐待通告が増加し、２０１３年度以降、心理的虐待の通告が身体的虐待を上回っている（厚生労働省 2022）。また、２０１８年、２０１９年と相次いで起こった子どもの虐待死とＤＶとの関連から、２０１９年のＤＶ防止法の改正では、児童相談所と配偶者暴力支援センター等との連携が強化された。なお、婦人相談所における児童相談所との連携は、２０２１年度は１３１９人であり、そのうち父親等からの虐待は64・９％、母親からの虐待は６・４％であった（厚生労働省 2023）。

西澤（1997）は子どもへの虐待について、親（養育者）が子どもの存在、あるいは子どもとの関係を子どものためではなく、自分のために利用することと論じている。ＤＶのある家庭では、父親（加害者）が子どもの前で母親（被害者）を貶めたり、子どもに夫婦間の仲裁役を担わせたり、外では子煩悩な父親を演じたりするなど、自分の優位性や評価を高めるために子どもを利用することが往々にしてあり、子どもも多大な影響を被っていることは当事者の手記にも記されている（熊谷 2008, まっち〜 2014）。

金（2005）は、シェルターを利用した女性59名とその児童87名に精神健康の調査を実施している。その結果、児童全員が暴力を目撃しており、ＣＢＣＬ（Child Behavior Checklist）では、攻撃的行動は男女ともに高く、女児は「身体的訴え」と「不安／抑うつ」がハイリスクであることが示された。高畠（2004）と米田（2009）は、シェルターにおける同伴児童について、感情のコントロールの難しさ、葛藤場面での激しい攻撃的言動、解離、年長児による母親役割などを観察している。これらはトラウマに起因すると推測されるが、シェルター入所中に軽減したことも報告されている。このことからも、安全な環境の重要性が認められよう。

ＤＶの影響は長期に渡る場合もある。米山（2005）が被害女性の自助グループ参加者へ行ったアンケート調査では、子どもの暴力や暴言、不登校、偽成熟などに関する悩みが報告されている。三村・力武（2008）は母子生活支援施設での子どもへの心理療法の実践において、母親役割を担わざるを得ない葛藤、攻撃性や易刺激性による他児童とのトラブル、過剰適応や自己表現の難しさ、父親に対するアンビバレントな感情等を観察している。近年は、脳科学の知見からも面前ＤＶが脳の発達そのものに深刻な影響を及ぼすことが示されている（友田 2017）。

子どものトラウマ反応、とりわけ衝動性や攻撃性が高まった場合、暴言暴力を伴う行為を母親一人で対応することは難しく、父親（加害者）に対応を求めざるを得ないことや母親が子どもに暴力を振るってしまうことも起こり得る。また、父親の暴力から子どもを守るために、父親より先に母親が子どもに手をあげるといったことも想定される。このような状況が加害者との離別を困難にしたり、母親と子どもとの関係を悪化させたりすることが懸念される。子どもへの暴力の影響や背景を見極めた対応とケアが望まれる。

2-3　生活再建に関する困難

多くの被害女性は男性主体の社会構造の中で、経済的不利に置かれ、かつ心身ともにケアが必要な状態にありながらも、新たに生活を築いていかなければならず、様々な困難が予測される。

DV被害者の離別後の生活の困難に関するアンケート調査では、生活費や裁判費用等の金銭面の問題、心身の回復の難しさ、社会資源や施策等の情報取得の困難、トラウマやDVに関する職場の無理解、加害者の嫌がらせ等による就労継続の困難、子育て支援や資格取得等の就労支援の不足等が生活再建に立ちはだかる問題として挙げられた（内閣府共同参画局 2007，特定非営利活動法人いくの学園 2009）。特に、離婚に関する司法手続きの過程では、加害者と離れているにもかかわらず、被支配感覚や恐怖が再燃され、日常生活に困難が生じることもあり、心理面のサポートの必要性が提言されている（本田・野口・嶋・小西 2012）。また、ひとり親家庭と子どもの貧困問題との関連が指摘される中、子どもと関わる時間の乏しさについても懸念されている（赤石 2014，水無田 2014）。

葛西・上野（2014）が行った被害者へのインタビュー調査では、経済的、精神的問題に起因する生活上の困難を抱えている上に、相談や支援を頼める血縁や交友関係が乏しく、居場所やメンタルケアなどを求める多くの被害者が存在することが示唆された。また、医療関係、警察、調停委員、婦人相談員、シェルター職員などあらゆる支援機関からの二次被害は多くの被害者が経験している（米山 2005，矢野 2007）。二次被害は家族・親族や友人関係でも生じており、インフォーマルな関係から理解を得る難しさも生活の立て直しや心理的回復を妨げる要因となっている（特定非営利活動法人いくの学園 2009）。このように、依然としてＤＶについてさらなる社会の理解が求められているのが現状である。

第3節　DVからの回復に関する理論的枠組み

トラウマからの回復過程について、ハーマンは、安全の確立、想起と服喪、再結合の三段階を論じている。第1段階の安全の確立では、自己破壊的な行動（自殺企図、物質乱用、危険な人間関係への接触等）の制御を含めた身体面、経済面、生活環境の樹立を目指す。第2段階の課題は外傷体験のライフストーリーへの統合とトラウマにより喪失したものへの追悼である。外傷体験は繰り返し語ることによって再構成されていくという。ここでの治療者（共感的な聞き手）には、被害者が語るストーリーの「誠実な証人（目撃者）」として存在すること、他方、被害者には回復の主導権を握り、回復の責任を引き受けることが求められる。ただし、ハーマンのいう「想起と服喪」がどのような形で成されているのか、位置づけについては検討の余地がある。第3段階では、未来を創造し、新しい自己を成長させることが課題となる。すなわち、被害者というアイデンティティを捨て、自分がなりたい自分になり、境界線を保ちつつ他者との関係がつくられる。これらの過程の中で、基本的信頼を創る能力、自己決定を行う能力、積極的にことを始める能力、新しい事態に対処する能力、自己が何であるかを見定める能力、他者との親密な関係を創る能力の回復がみられるという（Herman 1992=1997）。

ＤＶからの回復に目を転じると、フェミニスト・セラピストとしてＤＶ被害者を支援してきた高畠（2013）は、ＤＶからの回復とは、ＤＶを受ける以前の状態に戻すことを意味するのではなく、被害者からサバイバーへと立ち位置を変容させるプロセスであると述べている。すなわち、「被害者が支配して新しい状況を作り出すプロセス」であり、回復は自分が被害者であると認識を持つことから始まるという。そのため、支援者は被害や被害者であると気づくよう支援することが求められる。このプロセスはＤＶからサバイブし、現在は支援者として活動する中島（2013）の体験にも見られる。中島によると、回復は、ＤＶがどのような形で自分に影響を及ぼしているのかを知り、ＤＶにより変わってしまった自分を受け入れることから始まる。次に、怒りなどの感情への対処法を学びつつ、ＤＶによって失われたもの、例えば、思い描いていた人生や将来に対する希望、安全感や時間などへのグリーフワークの段階を経て、社会とつながる最終段階に至るとされている。ここでいうグリーフワークとは、喪失（感）やＤＶに対する怒り、嘆きなど圧倒されそうな辛い感情のケアをいう。これらのプロセスを一人で取組むことは難しく、回復にはカウンセリングに加え、サポートグループの取組みも参考になる。

ほかにも、宗像（2014）は回復のプロセスを5つの段階に分け、サポートグループを開催している。第1段階と第2段階では、自分自身と生きづらさの原因であるDVの影響を理解し、ケアすることを学び、第3段階では仲間とつながり将来に目を向けていく。そして第4段階と第5段階で自分らしさを取り戻し、自分の経験や能力を仕事に活かし、自立に向かう。

また、NPO法人女性ネットSaya-Saya（2019）の回復プログラムは4段階である。第1段階はDVのメカニズムを知り、情報を取得しながら安全安心な生活環境を得る。第2段階では心身を癒し、第3段階では就労練習や対人関係の取り方を学び、自分にできることを探す。第4段階は就労等の社会参加と自身のメンテナンスである。これらのことから、DVからの回復は、DVについて知ることから始まり、自分への影響を理解しケアすること、そして、他者との関係を築き、社会と繋がる段階を経るといえる。当然のことながら、回復には時間を要し、プロセスは螺旋を描いていくものである。

加えて、DVからの回復については、加害者との関係性にも着目する必要がある。増井（2019）は、26名の当事者インタビューからDV被害者が経験するプロセスについて5段階を見出している。第1段階は関係と生活の中に暴力が位置づくDV関係に陥る段階、第2段階は離別の決意に至る段階、第3段階は離脱のための資源を確保し、行動を起こす段階であり、第4段階で生活の再生のプロセスに至る。この段階では加害者との間に生活面、心理面、関係の線を引き、境界を設定することが課題となる。第5段階は、いかに自分の人生を新たに生きていくかが課題となり、自己の確かさや新たな自己が創出される「私」の新生に至るとする。

このように回復には他者との関係が重要であり、どの段階でどのような人・支援と出会うかが回復の鍵となるといえよう。したがって多様な支援と支援につながるルートの確保が求められるといえるだろう。

第4節　DV被害者への法的支援

DV被害者への支援においては、法律、及び制度が重要となる。本節ではわが国のDV被害者支援の根幹であるDV防止法について、その制定の背景と概要を整理し、法的支援の現状を概観する。次に、諸外国の支援について、先駆的な取組みを行っているアメリカ、ジェンダー・ギャップ指数が小さい北欧、アジア諸国で最も早くDVを社会問題化した韓国の施策についてみていきたい。

4―1　わが国のＤＶ防止法制定の背景

日本の取組みは、国際的な動きに追随する形で進められてきた。

国連の動向

国連では、１９７０年代からジェンダーの平等と女性のエンパワメントが謳われ、１９８０年代に入ると、女性に対する暴力は重大な課題に位置付けられた。１９８５年の第３回ナイロビ世界女性会議では、「西暦２０００年に向けての女性の地位向上のためのナイロビ将来戦略（以下、ナイロビ将来戦略と記す）」が採択され、女性に対する暴力の防止と撤廃、及び被害者への支援政策をとることが各国に求められた。さらに、１９９３年の国連総会において、「女性に対する暴力撤廃宣言」が、１９９５年の第４回北京世界女性会議では「北京宣言及び行動綱領」が採択されると、各国にはより一層、女性に対する暴力の防止と根絶のための総合的な対策をとり、予防策の効果を検討することが要請された（戒能 2002）。

日本の動向

一方の日本は１９８５年の「ナイロビ将来戦略」を受け、１９８７年に男女共同参加型社会の形成を目指した「西暦2000年に向けての新国内行動計画」を策定したが、女性に対する暴力には触れられなかった。その後、男女共同参画審議会が「北京宣言及び行動綱領」を踏まえ、1996年に女性に対する暴力の撤廃を柱とした「男女共同参画2000年プラン」を発表した。この中で、女性に対する暴力とは、公的、私的生活を問わず「重大な社会的・構造的問題であり、男女共同参画社会の実現を阻害するもの」と明記された。

1999年に制定された「男女共同参画社会基本法」では、「女性に対するあらゆる暴力の根絶」は、重点課題の1つに挙げられたが、女性に対する暴力は、売買春や近親姦を含む性犯罪、ストーカーや配偶者からの暴力など多岐に渡る上、潜在化される傾向にあるため、被害実態の把握が難しく、その取組みは、社会的にも法的にも十分とはいえなかった。そして、当初は「女性に対する暴力」への対策が求められていたが、児童虐待防止法とストーカー規制法が2000年に成立したことから、夫から妻への暴力に対する法的対応策が検討され、2001年に「配偶者からの暴力の防止及び被害者の保護に関する法律」（DV防止法）が制定された（南野・千葉・山本・吉川・福島 2008）。その後、2004年、2007年、2013年と2019年の改正を経て、2023年（2024年4月より施行）には保護命令の制度の拡充、及び保護命令違反の厳罰化と基本方針・基本計画の記載事項の拡充について改正されていくこととなった。なお、2013年の第3次改正において、名称が「配偶者からの暴力の防止及び被害者の保護等に関する法律」に変更されている。

4-2 DV防止法の概要

DV防止法は「配偶者からの暴力に係る通報、相談、保護、自立支援等の体制を整備することにより、配偶者からの暴力の防止及び被害者の保護を図るため」に制定された。現行のDV防止法における「被害者」とは、配偶者に限らず、元配偶者、内縁関係、同居する交際相手から暴力を振るわれた者をいう。「暴力」の定義については、制定当初は「身体に対する不法な攻撃であって生命又は身体に危害を及ぼすもの」と身体的暴力に限定されていたが、実際は精神的暴力や夫婦間の強姦（marital rape）など様々な形態の暴力がある。そこで、2004年の第1次改正において、身体に対する暴力に加え「これに準ずる心身に有害な影響を及ぼす言動」に該当する精神的、性的暴力まで拡大され、2007年の第2次改正では、「脅迫」が追加され、そして2023年の改正では、「自由、名誉、財産に対する脅迫」と拡大されていくこととなった。

DV被害者は安全を図るために、このDV防止法を根拠に保護命令の申立てを行うことができる（DV防止法第10条）。発令要件は、被害者の定義に該当し、暴力の定義に該当する被害を受けた人である。子どもや親族もその対象となるが、15歳以上の場合は同意書が必要となる。保護命令が発令されると加害者は、効力が生じた日から被害者への6か月間の接近禁止（2024年4月からは1年間）、電話やメール等の禁止、2か月間の住居からの退去（住居の所有者や賃借人が被害者のみの場合は6か月）が命じられる。但し、加害者の報復を恐れ、要件に適っていても保護命令を申立てない被害者も多い。なお、一時保護の基準は法律では定められていない。

先述したように被害者の自立支援については、配偶者暴力支援センターが中心となり、就業の促進、住宅の確保、援護等に関する制度の利用等について、情報の提供、助言、関係機関への連絡その他の援助を行うこととされている（DV防止法第3条）。また、2019年の改正では、児童相談所との連携の強化が求められている（DV防止法第9条）。さらに、ネットワークによる支援の重要性から2023年の改正では、都道府県は暴力の防止、及び被害者の保護について協議会を設置するなど民間団体と連携・協力するよう求めている（DV防止法第2条・第5条）。

ＤＶ被害者への支援は被害者の安全を第一とし、施策は整いつつある。しかし、経済的暴力はＤＶ防止法では適用外であるほか、離婚成立後に子のみへつきまといがある場合、子が面会を拒否していても、保護命令申立ての要件に合わず、ストーカー規制法も適用されないなど、安全を脅かされながら生活する被害者は存在する。加えて、加害者の更生プログラムやＤＶの予防教育については不十分と言わざるを得ない。被害者の負担を軽減し、人権を尊重したさらなる法改正が求められている。

4‐3　アメリカにおける支援

以降４‐３〜４‐５までアメリカ、北欧諸国、韓国における支援に立ち入って諸外国の動向を確認しておきたい。

アメリカにおけるＤＶ被害者への取組みについては吉川（2007）に詳しい。アメリカでは、１９８０年代後半より、刑事司法の積極的介入による被害者のエンパワメント[5]を目的とし、義務的逮捕が導入された。それ以前は、家庭内の暴力は、害悪性はあまり高くないと考えられ、むしろ、加害者の逮捕により、家族の分断や経済的困難が引き起こされるという考えがあった。義務的逮捕は、個々の被害者の意志を無視し、意見や希望を表明する機会を奪うという批判もある。しかし、基本的目的は被害者の保護であり、被害者の生命・身体の安全確保こそが被害者のエンパワメントのスタートであり、ＤＶは加害者に責任があると明確にすることで被害者の安全と権利を守るという考えに基づく。

但し、ＤＶは司法制度のみで解決できるものではなく、問題解決のための様々な支援が必要とされ、アドボケイター（同行支援者・権利擁護者）による支援が重視されている。アメリカでは、警察が介入した場合、民間支援団体との連携により、被害者の法的手続きや安全の確保、守られるべき権利、社会資源の提供等のアドボケイト（権利擁護）が迅速に行われており（岩瀬 2010）、サリバン（2003）の調査では、アドボケイトを受けた女性は、早期に社会資源、人、チャンスに繋がることにより、生活の質が向上すること、そしてアドボケイトが暴力から遠ざかる保護要因となりうることが示されている。この調査では、アドボケイターは専門職とはされていない。他方、近年はＤＶ被害者支援の専門主義の強化やプログラム化、分野ごとの細分化の分担等も指摘され、当事者のニーズに合った柔軟な支援や被害者への経済的なエンパワメントの重要性が提起されている（村本 2013a, 吉川 2007）。

4-4　北欧諸国における支援

高田（2014）によると、スウェーデンでは１９９０年代に制定された「女性の安全法」に基づき、刑法と社会サービス法が改正されている。２００７年には、配偶者、元配偶者に限らず恋人など近親者から、身体的、精神的、性的、経済的、物質的な暴力を受けた女性が、必要とする支援を受けられるよう配慮することが義務規定となった。このような暴力は犯罪と位置づけられており、再犯防止を目的とする加害者更正プログラムが準備されているが、その参加は保護観察官が判断する。また、被害者への支援においては、保険医療、福祉、司法、学校、職業紹介所など多岐に渡る支援機関の連携が展開されている。

吉中（2012, 2013）は、デンマークのＤＶ被害者支援に関する研究を行っている。デンマークでは、１９７０年初頭に起こった女性運動がシェルターの設立に繋がるとともに、ＤＶは家父長制に内在する社会的権力構造の表れであることを社会に周知させた。しかし１９９０年代になると、核家族が主流となり、家族単位の社会サービスが中心とされる中で、ＤＶはジェンダーとの関連よりも「社会的規範から逸脱した家族の問題」とみなされるようになった。

そのような中、１９９５年の北京世界女性会議において「北京宣言及び行動綱領」が採択されると、政府によるアクションプランの策定が進められた。その根幹となっていったのが、被害者支援、加害者に関する取り組み、専門家に関する取り組み、知識と情報である。2005年に策定された「女性と子どもに対する男性の暴力をなくすための行動計画2005-2008」では、加害者への暴力の防止や関係機関の専門的活動の強化等が目標に掲げられ、次いで、2009年から2012年の「親密な関係における暴力を防止するための国家戦略」では、子どもや若年者への予防教育、被害者への短期的かつ長期的な支援の実施、調査研究と専門機関との連携が新たに追加された。このプランでは、職場における支援やアルコール問題、障害者や外国籍、移民女性への個別支援、加害者への立ち退きや行動制限等についても講じられている。なお、デンマークには日本のＤＶ防止法のような単独の法律はなく、一般の刑法がＤＶの場合も適用される。

シェルターについては、その多くが民間により運営されており、子どもを専門とする職員が配置されている。支援に関しては、一時保護中、及び退所後の支援計画を当人とともに作成し、9割のシェルターが家庭訪問やカウンセリング、その他の活動への参加等のアフターケアを行っている。しかし、シェルター利用者のほぼ半数が入退所を繰り返すことから、アフターケアの質の向上が求められている。

4-5　韓国における支援

韓国は日本と同じく家父長制が強固である。しかし、アジア諸国で最も早くDVを社会問題化しており、日本の施策を考える際、参考になる。

韓国では、1983年に女性運動団体「女性の電話」が設立され、シェルターの設置やDVの社会問題化、1997年の「家庭暴力防止及び被害者保護等に関する法律（以下、保護法と記す）」と「家庭暴力犯罪の処罰等に関する特例法（以下、特例法と記す）」の制定に貢献してきた（高畠 2001）。制定当初、保護法では、被害者保護により「健全な家庭を育成すること」を目的とし、特例法においても加害者の保護処分により、「家庭の平和及び安定を回復」することと、つまり、家族関係の修復を図ることが主眼とされていた。

しかし、「家庭の平和・回復」を掲げることにより、被害者の人権の軽視や更なる犠牲が生じる等の問題が指摘され、2007年の法改正では、「被害者の保護と支援」が目的であることを明確にし、「性暴力犯罪の処罰及び被害者保護に関する法律」と併せ、DVを「女性に対する暴力の撤廃」の大枠に位置づけ、「予防、制裁、救済」の局面から施策を講じることとなった。また、配偶者間だけではなく、親族間における身体的、精神的、財産的被害を伴う行為も「家庭暴力犯罪」と位置づけている（二宮・平塚・橋本・室越 2008）。次いで、2009年の法改正では、被害者の解雇に対する制限や賃貸住宅優先入居権が付与されるなど生活再建の支援が強化され、さらに、２０１１年の改正では、加害者の更生にも着手されている。

韓国では、ＤＶの相談など実際の取組みはジェンダーの視点を取り入れた民間主導で行われ、国家が支援する形となっている。しかし、近年、様々な団体が参入したため、質や地域的な偏りが問題となっていることもまた報告されている（佐々木 2013）。

4-6 小括

これらの諸外国と同様に日本もＤＶ被害者への支援は、草の根の女性運動など在野の女性が主体となって行ってきた。しかし、ＤＶがジェンダーに基づく暴力であり、人権侵害であるという原理原則は日本においては浸透しているとは言い難い。それは、司法面や生活支援のあり方からも窺われる。

諸外国は、ＤＶを犯罪とし、人権侵害であると明確に位置付けることによって、加害者への対応を被害者ではなく警察が担うことを可能にしている。また、更生プログラムなど加害者へのアプローチは、単に再犯防止のみならず、加害者の子どもにとっても、その関係上重要であり、被害者支援の一翼を担うものであろう。ほかにも、韓国やデンマークのように産業界によるＤＶの理解は、被害者の生活面および心理面へのエンパワメントにとって重要であり、社会全体でＤＶの問題に取り組むことが望ましいことが以上の動向より明らかであろう。

第５節　ＤＶ被害者支援の現状

本節では、ＤＶ被害者への支援制度、および支援現場の現状について概観する。

ＤＶ防止法（第２条）により、被害者の相談、保護、自立支援に関する基本計画の策定・実施等の支援は「各都道府県」の責務となり、自治体は被害者支援の重要な役割を果たしている。そこで、まず、被害者からの援助要請に沿って、都道府県と市町村の役割を説明し、次にＤＶ防止法制定以前から配偶者から暴力を受けた女性への支援を行ってきた婦人保護事業・婦人保護施設、母子生活支援施設、民間シェルターにおける支援の現状をみていくこととする。

５－１　都道府県・市町村における支援

２００４年のＤＶ防止法第一次改正では、「国及び地方公共団体は、配偶者からの暴力を防止するとともに、被害者の自立を支援することを含め、その適切な保護を図る責務を有する」

と第2条が改正され、国及び地方公共団体による被害者の自立支援が明文化された。これにより、国はDV被害者支援のための基本方針を策定し、都道府県は基本方針に則った基本計画を策定することが義務となった。2007年の第二次改正では、市町村における自立支援策の充実を促進するため、市町村にも基本計画を策定することが努力義務として定められた。そして2013年に内閣府・国家公安委員会・法務省・厚生労働省より告示された「配偶者からの暴力の防止及び被害者の保護等のための施策に関する基本的な方針（以下、基本方針と記す）」では、「被害者の立場に立った切れ目のない支援」のため、都道府県については、被害者支援の中核として一時保護等の実施や市町村への支援等を行うよう位置づけ、市町村は相談窓口の設置や緊急時の安全の確保、及び地域における継続的な自立支援等の役割を担うよう明記し、被害者の自立支援の体制が強化された。2023年10月時点では、全国で1320の市町村が基本計画を策定し、140の市町村に配偶者暴力相談支援センターが設置されている（内閣府男女共同参画局 2022b, 2023b）。

相談から一時保護に至るまで

被害者を支えるには、多分野での連携が必須となる。中核となったのが、売春防止法に基づき各都道府県に設置されている婦人相談所（売防法第34条）と婦人相談員（売防法第35条）であった。婦人相談所は、DV防止法により、配偶者暴力相談支援センター（DVC）の機能を担うこととなり、一時保護を実施する機関となった。なお、婦人相談員は、婦人相談所の他、市町村のDVCや社会福祉事務所等に配置されており、母子・父子自立支援員や家庭相談員等と兼任している場合もある。

市町村の主な相談窓口は、生活保護や母子生活支援施設入所に関する相談を受ける福祉事務所やDVC、子どもがいる場合は子育て支援課、及び警察などがある。DVCは女性センターや男女共同参画センターが兼ねているところもあり、名称も様々であるが、支援に関する基本的な情報提供や避難の準備など被害者を支える機能を備えている（景山 2013）。相談を受けた市町村や警察は、一時保護の必要性を勘案し、各都道府県に設置されている婦人相談所に連絡する。連絡を受けた婦人相談所は受理会議を開き、一時保護を行うか否かを決定する。

一時保護中の支援

一時保護となった被害者は、婦人相談所（政令指定都市は婦人相談員を配置している）の婦人相談員（以下、ケースワーカーと記す）と面接を重ね、退所先やその後の生活について決定していく。

その際、ケースワーカーは暴力の被害や生活状況について聞き取り、保護命令の申立てなど安全について本人と検討する。そして、本人の希望や状況に応じ、措置元の生活保護や社会福祉施設（母子生活支援施設、婦人保護施設、救護施設、高齢者関連施設等）等の担当者と連携し、自立に向けた支援を行う。

一時保護中の支援の一例であるが、筆者の勤務する施設では、被害当事者各人／世帯に一部屋が提供され、担当者がつき、ケースワーカーや関係機関等との連絡調整を担っている。具体的には、保護命令申立てや弁護士相談、受診等の同行、不動産業者への物件の依頼や見学の調整、引っ越し業者や警察との調整、家具什器等の購入の同行支援などである。これらの支援に加え、精神科医・婦人科医・看護師・心理療法担当職員が配置されており、心身のケアに務めている。また、子どもには保育や学習の時間も設けられている。

一時保護は1か月以上を要することもあるが、一時保護中に新たな生活の準備が十分できるとは言い難く、転居先の自治体や施設に支援が託されることとなる。

退所後の支援（自立支援）

被害者の自立支援について国の基本方針では、当事者が安全に生活できるよう関係機関等との連絡調整等や被害者等に係る情報の保護（住民票等の閲覧制限等）、生活の支援（生活保護や各種手当等）や就業の支援、医療保険・年金、子どもの就学・保育等、その他配偶者暴力相談センターの取組みに関し、様々な施策を講じている。

被害者は転居先の市町村で上記の手続きが必要となるが、それらは煩雑で関係機関は多岐に渡る。そのため、基本方針では手続きの一元化、及び同行支援を行うことが推奨されている。岩本ら（2017）は市に配置されている婦人相談員について、DVから離れる時期と転居先での「受け皿」として、相談相手や社会資源の利用を円滑に進める役割を見出している。なお、社会資源には、厚生労働省（現在はこども家庭庁）が推進する「ひとり親家庭等の自立支援策」や、DVの心身への影響により就労や生活が困難な場合は「障害者総合支援法」等が考えられる。但し、DV防止法では保護命令の制度など安全面に関する施策は講じられているものの、経済面や心理的ケアについて独自の支援策はなく、積極的に対策がとられているとは言い難い。生活保護など既存の施策ではDV被害者であることが見過ごされたり、軽視されたりすることが懸念される。被害者の生活面と心理面のみならず、子どもへのケアなど支援の充実が求められる。

5-2　婦人保護事業、婦人保護施設における支援

婦人保護事業・婦人保護施設の沿革

DV防止法の制定以降、行政によるDV被害者支援の中心的役割を担ってきたのが婦人保護事業である。支援の課題を検討するために、婦人保護事業の成り立ちを概観する。

婦人保護の源流は明治期の性売買構造の中で苦しむ貧しい女性の救済にあり、彼女らをいかに売春から退かせ、新たな職業訓練をするかが課題、かつ実践となり、戦後の婦人保護施設に引き継がれることとなった（宮本 2013）。婦人保護事業については、林（2008a）が詳しい。第二次大戦後、占領軍駐屯が決まると、一般女子の防波堤として、早々に慰安施設が開設され、営業に必要な婦女子には芸妓、公私娼妓、酌婦等が優先してあてられた。公娼制度は1946年に廃止されるも、戦後の貧困の中で私娼は増加し、女性福祉対策が求められた。同年の各省次官会議による「私娼の取締並びに発生の防止及び保護対策」では生活保護の徹底を図るとしつつも、一方では「売春等処罰法案」は国会で廃案や審議未了を繰り返し、売春必要悪論を土台に、性差別の視点を持ちえないまま、1956年に「売春防止法」は制定されたのである。

婦人保護事業は売春防止法の第4章を法的根拠とした「性行又は環境に照らして売春のおそれのある女子（要保護女子）」の転落の未然防止と保護更生を目的とした事業として始まった。

そしてその施策として、相談、指導、一時保護を行う婦人相談所が都道府県に設置され、婦人相談員が配置された。しかし、1980年以降、相談者の8割以上は、売春歴はなく、相談内容は夫の暴力や酒乱、離婚問題が主となり、婦人保護事業には多面的な援助が求められた（林 2008a）。そのため厚生省社会局生活課長通知により、1992年に「家庭環境の破綻、生活の困窮等正常な生活を営む上で困難な問題を有しており、かつ、その問題を解決すべき機関が他にないために、現に保護、援助を必要とする状態にあると認められる者」と、対象女性が拡大され、夫による暴力の被害者も保護の対象となった。

このように、婦人保護事業はDV防止法制定以前から、母子生活支援施設とともにDVの問題に直面していたといえるが、両者ともその問題を牽引してきたとは言い難い。その要因の1つに、社会福祉におけるジェンダーの視点の不足が挙げられる。女性に関する社会福祉問題はジェンダーに基づく社会構造が基底にある。しかし、その視座を含んだ制度論や援助技術論がほとんど議論されないまま、女性福祉の問題は「母子」や「寡婦」あるいは「婦人保護」における「要保護女子」といった個別の分野に分断され、社会福祉の周縁におかれてきた（吉田 1996）。すなわち、ソーシャルワークの目的は家族を維持することにあり、女性や子どもの人権は家族福祉観に蓋をされてきたといえる（須藤 2003）。そのような中、女性の人権擁護や自立支援、暴力被害からの回復といった婦人保護事業において看過されてきた課題がＤＶという用語を得て、社会問題化したといえよう。

そして、ＤＶ防止法の制定により、婦人相談所は配偶者暴力相談支援センターの機能を持ち（ＤＶ防止法第3条）、婦人相談員はＤＶ被害者の相談に応じ、必要な指導を行うこととなった（ＤＶ防止法第4条）。また、婦人保護施設においてはＤＶ被害者も保護の対象となった（ＤＶ防止法第5条）。

ところで、売春防止法は制定以来、一度も改正されることはなく、婦人保護事業は、通知によってその対象者を拡大することで対処してきた。他方、女性であるが故に直面する困難はＤＶや性暴力・性犯罪被害、貧困、家庭環境の破綻など複雑化、複合化、多様化し、従来の婦人保護事業では制度的限界が指摘されてきた。そのため、２０１２年度から婦人保護事業の見直しが進められてきたが、新型コロナウィルスの感染拡大は女性への福祉が喫緊の課題であることを表面化させた。このような背景をもって２０２２年5月に「困難な問題を抱える女性への支援に関する法律（女性支援法）」が議員立法として制定され、２０２４年4月から施行される。これにより、婦人保護事業は売春防止法（第4章）から切り離され、女性支援法へと根拠法が変わり、婦人相談所は「女性相談支援センター」へ、婦人相談員は「女性相談支援員」へ、婦人保護施設は「女性自立支援施設」へと名称が変更されることとなった。

婦人保護施設の機能

婦人保護施設は売春防止法（第36条）により、「要保護女子」を収容、保護するための施設として設置されたものである。現在、全国39都道府県に47ヵ所が設置されているが（厚生労働省 2023）、公設公営（22ヵ所）、民設民営（17ヵ所）、公設民営（8ヵ所）という運営形態の違いや地域による格差が指摘されている（須藤 2011, 堀 2013）。（この違いについては後述する）。

婦人保護施設の入所は婦人相談所の決定が必要である。2021年度の婦人保護施設入所者は569名で、約4割が「夫等からの暴力」被害者であり、交際相手や子ども、親からの暴力、ストーカー被害なども含めると約6割が何らかの暴力を受けていることがわかっている（厚生労働省 2023）。

施設の運営は、2002年の厚生労働省令「婦人保護施設の設備及び運営に関する基準」に従い実施されている。その第12条では、入所者の自立を支援するため、就労及び生活に関する指導及び援助を行うよう規定されており、自立支援計画が作成される。

一方で婦人保護施設入所者の約3割は療育手帳か精神障害者保健福祉手帳を保持しており、

「通常の健康状態にある者」は約半数となっている（厚生労働省 2023）。就労するまでには時間を要する場合もあり、医療機関のみならず、ハローワークや職業訓練施設、その他関係機関との連携が求められる。しかしながら、施設自体が行政レベルにおいても関係機関に周知されていないことが就労支援を困難にしているという指摘もある（堀 2020）。

こうした退所後の自立に向けた支援については、施設の近隣のアパート等を利用して生活訓練を行う「地域生活移行支援」制度も用意されている。地域での自立生活に向け、様々な方策がとられているものの、現在の社会情勢において、売春防止法を根拠法とする婦人保護施設の支援には限界も見られた。例えば２０１７年に実施された「婦人保護事業等における支援実態等に関する調査研究」では、性暴力被害者や外国籍女性への心理的ケアの不足や若年女性においては通信の制限や共同生活のルール等が保護の妨げとなっていること、また住宅や就職などの契約行為に親権者の協力が得られないなど支援の困難さが報告されている（厚生労働省 2018）。

桑島（2013）は、保護とは、女性が国家や行政といった法的責任主体の管理下に置かれることを意味し、婦人保護施設は、「転落」が予想される「要保護女子」という社会規範からの逸脱者が、保護という名で収容される空間であり、社会から排除される空間でもあると論じている。桑島の論考を受け小川（2019）は、保護施設の役割について、安全・安心の拠点であると同時に、他者関係の中で「気づき」が得られ、ある種の共同性・社交性を育む場としての「ホーム」を提供することにあるのではないかと提起している。ただし、支援者の関わり方によっては現実の社会での日常から断絶した「規範的・管理的な〈更生〉の場」になりかねないと警鐘を鳴らしている。小川（2015）も売春防止法を根拠とした婦人相談所一時保護所では、ジェンダーの視点からＤＶ被害者を支援することは難しいのではないかと疑問を投げかけている。というのも、「要保護女子」を「保護更生」させる事業においてはジェンダーの視点を持つことは公共性を損なうことに繋がりかねないからである。

他方、丸山（2021）が行ったある婦人保護施設の資料調査からは、女性をとりまく困難は暴力や貧困、売春などどの時代にも共通するが、それらのどこがクローズアップされるかは時代によって変化していることが示唆され、支援者はジェンダー規範にとらわれず、柔軟な実践を行ってきたことを認めている。

このように婦人保護事業におけるＤＶ被害者支援については、ジェンダーの視点からの支援の難しさが指摘されているが、一方で柔軟な実践もある。筆者は、ＤＶは人権侵害であり、ジェンダーに基づく暴力であるという認識にたつ。だとすれば、ＤＶ被害者への支援は被害者を主体とし、ジェンダーに基づく社会構造を意識した支援が基本姿勢となろう。また、関係機関に対しては、施設の存在と役割を周知し、施設自体が孤立しないよう連携体制の強化が求められているといえよう。

5－3　母子生活支援施設における支援

母子生活支援施設の沿革

母子生活支援施設は、１９４７年に制定された児童福祉法を根拠法とし、母親と子どもという家族を支援する児童福祉施設（児童福祉法第38条）である。当初は、生活に困窮する母子家庭の保護を目的とする施設であったが、１９９７年、及び２００４年の児童福祉法の改正により、「自立の促進のためにその生活を支援し、あわせて退所した者について相談その他の援助を行うこと」が追加された。施設入所については、各自治体の福祉事務所が窓口となっている。２０１７年度は、全国に２２７施設あり、３８００前後の世帯が利用している（厚生労働省 2019）。

母子生活支援施設は、１９８２年の厚生省児童家庭局長通達により、夫の暴力により家を出た母子が入所の対象となり、その受け皿となっていた。しかし実際は、２００２年にＤＶ被害者の一時保護委託制度が創設されるまで、母子生活支援施設においてＤＶ被害母子がクローズアップされることはなかった。２０１８年度は１１２施設がＤＶ被害者の一時保護委託を受け、一時保護された女性の約１割となる４７０人前後が母子生活支援施設に入所している。２０１６年度の母子生活支援施設への入所理由は、住宅事情（17・６％）、経済的理由（12・２％）、入所前の家庭内環境の不適切（８・１％）、母親の心身の不安定（３・７％）、その他（３・０％）と比してＤＶ被害者が入所の半数以上（55・４％）を占めており、保護から自立を支援するための機能・役割の充実と強化が求められている（厚生労働省 2019）。

母子生活支援施設の機能

２０１２年に厚生労働省から通知された「母子生活支援施設運営指針」では、支援の基本として、母親への日常生活支援、子どもへの支援、ＤＶ被害からの回避・回復、子どもの虐待状況への対応、家族関係への支援、特別な配慮の必要な母親・子どもへの支援、主体性を尊重した日常生活、就労支援、支援の継続性とアフターケアが挙げられている。

ＤＶ被害者への支援について、上野（2007）と大塩（2011）は、暴力の影響により精神的に不安定となり、子どもへの関わりに不安を抱える母親に対し、家事援助など日常生活の支援を通した利用者と職員の良好な人間関係の構築を重視している。その際、母親と子どもを同時に支援することが重要であると述べている。他方、有園（2007）が母子生活支援施設に入所中のＤＶ被害者（母親）に行った調査では、子どもの反社会的行動等のトラウマ反応に母親は苦慮しているが、母子双方ともにケアを受ける時間的・経済的余裕がない姿が報告されている。母子生活支援施設の平均入所期間が概ね２年（東京都社会福祉協議会母子福祉部会 2022）であることを考慮すると、就労している母親ほどケアを受ける時間的な余裕がないことが窺え、経済的自立と心理的ケアの両立の難しさが推察される。近年は自尊感情や自己効力感の向上を目指す母親向けのプログラムの実施など（藤木 2013, 石崎・朴木 2014）施設での取組みも見られ、その効果が期待される。

「自立」について武藤（2013）は、経済的自立に限定されたものではなく、多義的なものであり、施設退所後の地域生活の中で達成されていくものと捉え直す必要があると提言している。中島・岩間（2014）は、施設入所中から、退所後を想定した支援が必要であり、課題本質へのアプローチや「先読みアセスメント」、社会規範とのすり合わせ等が必要であると論じている。そして、我謝（2015）は、職員へのインタビュー調査から、日常生活の支援を通し、母親と子どもが自らの解決すべき課題を認識し、主体的に課題解決に取組めるように支えるソーシャルワークが職員に求められると述べている。これらの報告からは、母子の生活再建には長期に渡る支援が必要であることが示唆されている。

5-4　民間シェルターにおける支援

民間シェルターの沿革

DVの問題に積極的に取り組んできたのが民間シェルターである。民間シェルターはDV被害者支援という明確な目的を持ち、被害者のニーズに応える自発的な活動体という点において公的機関とは異なる位置づけにある（小川 2015）。わが国では、1985年と1986年に買春を強要されたアジア女性たちの一時保護の必要性から民間シェルターが設立された。当初は人身売買被害女性の救援のためのシェルターであったが、1998年には日本人女性が外国人女性を上回り、その4割がDV被害者であった（東海林 2006）。DV被害者のためのシェルターは、夫のアルコール依存の問題に取り組んできた団体によって1993年に設立された「AKK暴力被害女性シェルター」が最初である（福原 2000，波田 1994）。その後、1995年の第4回北京女性会議に出席した女性たちを中心に、民間シェルターが各地に開設されたが、DV被害者のニーズではなく、被害者を保護する支援側のニーズによるものであった（高畠 2001）。2022年4月時点において64の民間シェルターが都道府県と一時保護の委託契約を結び、支援にあたっている（厚生労働省 2023）。

民間シェルターの機能

高畠（2001, 2011）は、シェルターの機能として、被害者の相談窓口としてのホットライン、緊急時の一時保護、新しい人生と人間関係の構築、被害者および支援者相互のエンパワメント、被害者のアドボカシー、支援者や支援機関とのネットワーク、DVに関する情報の収集・提供の7つを挙げている。これらは、ミクロレベルからマクロレベルの活動を網羅するものである。具体的な支援をみると、安田（2014）が行った民間支援団体へのインタビュー調査では、ステップハウス[6]の運営、行政機関等への同行支援、家事援助、カウンセリング、自助グループの開催など独自のプログラムが展開されている。他方、支援者への過度の依存や本人からの援助要請がないために個別の支援体制が作れないといった、被害者と支援者が関係を築く困難や行政との連携の難しさも報告されている。そのほかにも、内閣府男女共同参画局（2021b）の調査では、メールやSNS、出張等による相談の実施や退所後の当事者への居場所の提供など、公的機関では対応が難しいニーズに対応しており、多様で総合的、かつ長期的な支援が可能であることがその特徴といえる。

小川（2015）は、民間シェルタースタッフへのインタビュー調査から、以下の6点を支援の特徴としてまとめている。ジェンダーの視点に基づく安心で安全な場の提供、シェルター退所後の生活再建のサポート、スタッフ等に被害当事者がいるため、当事者の視点を活かし、より深く理解した支援を行えること、「専門職」という権威を持たず被害者と同じ立ち位置で支援する「素人性」、対等な関係、制度自体を変えていくシェルター運動の展開である。すなわち、被害者に対しては「共感的な支援者」として、「当事者主義」の支援を行うことで個々のニーズを引き出し、行政及び社会に対しては、ＤＶ被害者の声を施策に浸透、反映させるという役割を担っている。

このように、民間シェルターは柔軟、かつ先駆的な支援を実施してきている。しかしながら、民間シェルターは支援者の熱意で支えられてきた面が大きく、財政面と支援の継承の課題が浮上している（内閣府男女共同参画局 2021b）。「女性支援法」では、ＤＶ被害者のみならず、若年層への支援も期待されており、活動を継続し、拡大していくための財政面の支援が望まれる。

第6節　施設退所後の支援：アフターケアの現状

一時保護を経た被害者の退所施設は、婦人保護施設、母子生活支援施設、救護施設を主とする社会福祉施設がそれぞれ約1割となっている。これらの施設では、アフターケアと称した施設退所後の支援を行っている。また、東京都にある妊娠出産に特化した婦人保護施設では、児童福祉施設（児童養護施設、児童自立援助ホーム等）の利用経験者が半数以上を占めている（東京都社会福祉協議会婦人保護部会 2017）。本節では、ＤＶ被害者支援の近接領域である児童福祉施設のアフターケアを概観し、次にＤＶ被害者支援を担う婦人保護施設、母子生活支援施設、民間シェルターが実施しているアフターケアを概観する。

6−1　児童養護施設・自立援助ホームのアフターケア

２００４年に児童福祉法が改正され、児童養護施設では退所者のアフターケアが業務として位置づけられた（第41条）。児童養護施設退所者は親を頼りにできない場合が多く、様々な困難や不利な状況におかれ、施設退所後も継続した支援が必要であることは想像に難くない。本項では、18歳満年齢で措置解除となった児童養護施設退所者へのアフターケアについてみていく。

児童養護施設退所者が抱える困難とアフターケアの課題については、当事者へのインタビュー調査を中心に進められてきた。伊藤（2013, 2016）は、18歳満年齢で措置解除となる場合、親子関係などの課題が解決されないまま社会に出ざるを得ず、子どもと信頼関係を結んだ元担当職員の存在が重要となるが、一方で、本人からの相談に応えるタイミングを逃すと、関係悪化や事態の深刻化に繋がることを指摘している。さらに、退所者は孤独感と孤立感を抱えていることから、施設以外に頼れる人や機関をどのように作っていくか、地域資源の創設の必要性を訴えている。

また施設入所時の担当者との関係の重要性も多くの調査で認識されている（伊部 2015, 久保原 2016, 片山 2018）。その上で、伊部（2015）は、ライフステージ毎に当事者の課題は異なり、成人期の移行期である20歳代にどのようなサービスを受けられるかが重要であり、担当者には制度とのつなぎ役が求められていることを見出した。久保原（2016）は、虐待などの経験が新たな人的ネットワークの形成を阻害しており、退所者は施設入所中に形成された友人関係や限られた人間関係を駆使して困難を克服しようとしていると述べている。そして片山（2018）は、元担当職員の異動等による不在が施設に対する疎外感や遠慮を生み、些細なことが相談しにくくなること、その結果、困難が複雑化、重症化するため、アフターケアの実施が困難になると指摘している。

これらの研究では、継続的な支援、及び制度と当事者を繋ぐ役割を担う専門機関の必要性が訴えられている。しかしその一方で、施設担当者との個別的な関係が重視されており、新たに支援機関が創設されたとしても、いかに繋いでいくかが具体的な課題となることが予見される。

児童自立援助ホームは、児童養護施設等の退所者へのアフターケアを担う児童自立生活援助事業に位置づけられている（児童福祉法第6条3項）。「自立援助ホーム運営指針」によると、支援のあり方として、丁寧な生活の営み、主体性の尊重、退所者支援を重視しているが、そこには、親による放任や虐待など厳しい養育環境におかれた利用者の姿がある。自立援助ホームが実施するアフターケアは、スタッフとの関係を切らないことが重視され、どんな形であってもスタッフと相談できる状況を維持して退所することが肝要であるという。自立援助ホームでアフターケアを担当する高橋（2016）は、施設退所者が自力で福祉サービスに繋がる難しさがあることを指摘し、アフターケアの効果として、一人では解決できない問題を一緒に解決すること、潜在化している困難を可視化すること、健全な社会人として生きていくことに繋がることをあげ、目の前の問題の解決をもって支援が終了するわけではないと論じている。

6-2　DV被害者支援施設のアフターケア

婦人保護事業・婦人保護施設によるアフターケア

婦人保護施設では1991年に厚生省社会局長により、地域での安定した生活を継続することを目的としたアフターケアの実施が通知された。その経緯は不詳であるが、婦人保護事業の対象となる女性が「家庭関係の破綻、生活の困窮」など困難な状態にあるが、「問題を解決すべき機関が他にない」ことや、当時は知的障害とみられる入所者も多く（林 2008b）、障害のある人への法的、社会的支援が希薄であった時代背景を鑑みると、施設が継続して支援を担うことは必然であったと考えられる。婦人保護施設に関する事例報告が殆ど見当たらない理由はそのような背景があると推察されるが、須藤（2011）は、毎年開催される「全国婦人保護施設指導員研究協議会」で発表されたアフターケアの事例と施設担当者の見解を紹介している。担当者は、「ある意味で依存しあい、繋がりあうことを目指した援助であり、繋がることの大切さを対象者が理解し、その必要性を施設に求めてくる力を高めることが、自立支援である」と述べており、アフターケアが施設と利用者、そして利用者間の関係性を重視して行われていることが分かる。
厚生労働省（2018）の「婦人保護事業等における支援実態等に関する調査研究」によると、社会福祉法人が運営する民営の婦人保護施設では36％、公設公営施設では18％がアフターケアを実施している。主な支援内容は、「本人との連絡」が約68％、「家庭訪問」が約57％、「基礎自治体との情報交換」が約45％、その他が約36％となっている。なお、約６割の婦人相談所がアフターケアを実施しているが、内容は「基礎自治体との情報交換」が約43％、「本人との電話連絡」が約18％、「通所支援」が約12％、「その他」が約37％である。この調査では支援の詳細は把握できないが、婦人保護施設のアフターケアが本人と直接やりとりをする関係性を重視しているのに対し、婦人相談所は自治体同士の引継ぎが主な支援といえよう。

母子生活支援施設のアフターケア

母子生活支援施設では、２０１２年に厚生労働省雇用均等・児童家庭局長により通知された「母子生活支援施設運営指針」において、アフターケアの実施が明記された。武藤（2013）は、アフターケアとは地域の社会資源と連携しながら、母子が安心で安定した生活を営むことを目標とし、その過程で母子それぞれが安心感と自己肯定感を育んでいく取組みであると論じ、アウトリーチの必要性を述べている。

実際の取組みの報告は少ないが、東京都社会福祉協議会母子部会（2022）の調査では、利用者の約4割は課題が未解決のまま施設を退所しており、都内にある全ての母子生活支援施設（32施設）でアフターケアが実施されている。その内容は、「相談援助」や「行事」の参加、「保育・学童保育」の利用、「付き添い（関係機関、通院等への同行）」など多岐にわたり、入所中の支援が継続して行われていると推察される。この「相談援助」の内容は、母親自身の「健康（精神的含む）課題」や「就労課題」「養育課題」「子どもの進学・就労課題」「子どもの行動課題（不登校・引きこもり等）」等が挙げられているが、支援方法や解決までの過程等は報告されていない。施設入所中に課題解決が困難な理由については、個々の抱える課題が多様化、複雑化していることや子どもの成長に伴い、新たな課題が生じること等が考えられよう。

民間シェルターのアフターケア

民間シェルターでは組織の規模にかかわらず「長期的な視野にたった自立支援」を行うことが重視されている（小川 2015）。その一環として、生活再建については、ステップハウスの利用、福祉事務所や裁判所等への同行支援、就労支援等、心理面の回復に関しては、カウンセリングの継続等が多くの民間シェルターで行われている（小川 2015, 安田 2014）。

近年は、ヨガやランチ会といった当事者が安心して過ごせる居場所となるプログラムや女性や子どもの心理面の回復を目的としたプログラムの開催などが民間シェルターへのインタビュー調査において報告されている（葛西・上野 2014, 安田 2014）。また、高畠（1999）は、シェルターの近くに居宅を構えた利用者同士の交流が生活面、及び精神面の安定の一助となっていることを報告している。このようにシェルターが支援の拠点となることで当事者同士が繋がり、当事者相互のエンパワメントが期待できる。

民間シェルター、母子生活支援施設、婦人保護施設ともにアフターケアは被害者が新たに生活を築き、心身を回復していく上で重要な位置づけにあるといえる。にもかかわらず、これまでアフターケアについては、十分な学術的検討がなされてこなかった。当事者はどのような回復過程を辿るのか。その際、どのような支援を求めているのか。そこで本書では、こうした課題意識のもとで、ＤＶ被害後の包括的なケアについて踏み込んだ検討を加えていきたいと思う。

第2章　研究の方法

筆者の研究目的は、生活再建の過程にあるＤＶ被害者の様相と、その自立を阻害する要因に迫り、当事者理解を深めつつ、支援のあり方を検討することである。そのためには、被害当事者の生きる世界に迫り、一人の人間（女性）として生きるための考え方、夫婦や親子といった家族の関係や形態に抱く価値観や家庭生活への想い、被害者として生きることへの葛藤や生活再建への覚悟といった内的な世界に迫ることが求められる。この目的を達成するための研究の方法として、個々の「語りを聞く」質的研究を採用することにした。以下、研究の問いに関して実施した調査について、研究デザイン、研究協力に関する手続き、倫理的配慮、調査方法、調査内容、データ分析について述べていくこととする。

第1節　研究デザイン

本研究の研究デザインは、複数事例研究である。イン（1994 近藤訳 2011）によると、事例研究は、サンプルを代表するものではなく、知識や理論構築に貢献するものである。また、単一事例研究が既存理論の決定的なテストや新事実を明らかにする場合に有用であるのに対し、複数事例研究は、内容豊かな理論枠組みを開発するために行われる。本研究においては、2名の当事者の協力を得て、DV被害後の困難を深く理解し、支援、とりわけアフターケアのあり方について有用な理論構築の貢献を目指すものである。

質的研究は、「言語という世界をとらえる概念的な道具」を用い、個人の経験の意味を探求し、研究者が現実を捉え直そうとする試みであり、現実に働きかけることにも貢献する（能智 2011）。アフターケア利用者が生活再建を試みる過程で直面する困難、希求する支援、それら体験の意味づけを当事者の視点から考察するためには、当事者固有の経験と思いに接近する必要がある。そこで、調査方法として、個人の体験を当事者の立場から描くことにおいて有用な視点を提供する質的研究法を採用した。調査は複数回にわたる個別の非構造化インタビュー調査を用いた。

第2節　研究協力に関する手続き

2−1　研究参加者

研究参加者は、アフターケアの利用者である。本研究はDV被害者の生活困難と自立への阻害要因、及びアフターケアのあり方の検討が目的であるため、利用者の経験を聞くことが適切であると考えた。2名（以降、適宜A氏、B氏で併記）の当事者に研究の参加を依頼した理由は、第一に研究開始時において離婚が成立し、加害者からの暴力に晒される危険性は極めて低く、安全面の確保ができていること、第二に安定した自立生活が維持できていること、そして、研究実施者との対話を通して自らの体験を語る力があると判断したからである。当初、A氏、B氏以外の2名にも研究への参加を依頼していたが、それぞれ個別の事情により辞退されたため、対象から除外することとした。

A氏、B氏の属性は以下の通りである。筆者の勤務する婦人保護施設（以下、Z施設と記す）に一時保護当時、A氏は20歳代で乳幼児2人を伴っていた。夫からは命の危機を感じるような身体的暴力を受けることもあった。A氏は約1か月をZ施設で過ごし、Z施設内で仲良くなった友人と同じ市内に自費で転居し、アフターケアはA氏からの援助要請により、退所約半年後から開始され、約10年に及んだ。筆者がA氏にインタビューを実施したのは、一時保護から約9年後でアフターケア開始後約8年半が経過した頃である。

もう一人の参加者であるB氏は30歳代で保育所と小学校に通う子ども2人を伴い、一時保護となった。夫からは主として経済的暴力を受けてきた。B氏も約1か月をZ施設で過ごした後、自費で転居となり、アフターケアはB氏からの援助要請により、退所2週間後から開始され、約4年半で終了した。インタビューを実施したのは一時保護から約3年が経過した頃である。

2-2 研究参加者と研究実施者（筆者）との関係（インタビュー調査の留意点）

インタビュー実施時は、アフターケアの継続中であるため、研究実施者（筆者、以降筆者と表記）と研究参加者は、支援者-被支援者関係にあった。支援-被支援者間でインタビューを実施するにあたり、以下の問題が考えられた。まず、研究参加者が参加によって被る不安や疑惑、葛藤等の心理的負担である。宮地（2007）はトラウマ研究者の立ち位置として、当事者を「上空から全体を俯瞰する」位置と、「当事者に密着し、地を這う低いところに視点を置いて見る」位置があると述べている。そして「被害者の視点に立つ」研究は後者に該当するという。その場合、当事者は研究者に対し支援者あるいは仲間として過大な期待を抱くこと、一方で、概念化や理論化、一般化や相対化されることへの不安や疑惑、葛藤、失望を抱くことを指摘している。

筆者はA氏、B氏のアフターケアを担当していた。そのため研究参加には、心理的負担を被る以外にも研究対象となることへの不安や疑念を抱くことが予想された。研究参加に予測されるリスクを最小限にするために筆者は、「アフターケアを振り返ることでDV被害後の困難の様相と支援のあり方を考える」という研究の目的について丁寧に説明を行った。さらに発表の方法や安全面の考慮、研究の参加・不参加が支援に影響しないことについても説明を行い、参加の意志決定をA氏、B氏に委ねた。

第二に、インタビューにおいて筆者の支援者としての態度や支援の内容に関する要望等に関して忌憚なく語ることができるかという点である。やまだ（2007a）は、インタビュー場面において、研究者はニュートラルな存在ではあり得ず、相互行為する参与者として位置づけられ、インタビュイーの語りは、インタビュアーとの共同生成的なやりとりにより生み出されるものであると述べている。そして、インタビュー行為は、それ自体が貴重なナラティブであり、いつどこで誰が聞いても同じではなく、質問の仕方が変われば語りも変わると論じている。このことから、筆者が支援者であるからこそ、被害者・当事者として語られること、支援者にこそ問えることがあると考えた。

第三に、従来の関係により、インタビューとカウンセリングの境界が曖昧になることが起こりうることも考えられた。この点については、犯罪被害遺族の酒井夫妻（酒井・酒井・池埜・倉石 2004）の意見を参考にした。酒井夫妻はその著書の中で自身の体験を支援者である筆者ら（池埜・倉石）に語り、犯罪被害者支援のあり方について支援者に問いながら彼らと対話し、多くの示唆を見出している。そして、インタビューが「さまざまな思いを整理するカウンセリング効果をもたらした」と記している。また、能智（2011）は、自分や自分の経験について語ることは、その体験が構築されることであり、自身を振り返り、現在の生活を方向づけ、出来事を体験として意味づける力になると述べている。

一方でデメリットも指摘しておかなければならない。一つ目は、筆者が支援過程で知り得ている事実と本人の語る内容に齟齬が生じた場合である。この点については、インタビュー内で本人がその事象をどのように捉えているかを確認することで対応は可能であると考えた。二つ目は、筆者が重要であると考える内容が参加者から語られない、あるいは、支援者であるために、参加者が語る支援者や支援内容への問いを見落としてしまう点である。参加者が敢えて語らないときには、筆者から問わないこととした。しかし、参加者も筆者も互いに知っていると考えてしまうために、語る必要はないと判断され語られない場合、または参加者からの問いを聞き落とす場合もあろう。これらのデメリットを克服するために、インタビュー後に逐語録を作成し丁寧に読み込むこと、また毎回、インタビューであることを説明し、インタビュアーに徹することを心掛けた。支援者–被支援者（当事者）間でインタビューを実施するにあたってのこれらの留意点は、インタビューで得られた当事者の語りを分析する手法の選択にも影響を与えた。この点は後に説明する。

第3節　倫理的配慮

本研究の実施に当たり、研究参加者は筆者の所属機関で提供するアフターケアの利用者であることから、まず所属機関の所長（当時）に研究の主旨を口頭で説明し、筆者が担当したアフターケア利用者へのインタビュー調査および研究発表の許可を得た。その後、武庫川女子大学教育研究所倫理委員会の審査を受け、承認後に研究を開始した（平成26年度No.030, No.036）。

研究参加者には個別に、ＤＶ被害者の生活再建にはどのような支援が必要か、特にアフターケアのあり方を考えるための研究を行いたいこと、そのために、現状の生活を作り上げてきた本人に今までの経験やアフターケアをはじめとする支援等についてインタビューを依頼したいこと、研究協力、及び不参加や中止が支援に影響はしないこと、本人が特定されないよう留意すること等を口頭及び文書にて説明し同意を得た。同意書のサインに関しては、本人の安全と安心を担保し、学術調査としての信頼性を保証する意図から、イニシャルにて署名を依頼した。インタビュー時には、時間的な配慮や心身の不調の確認の他、インタビューの中で判明した問題については必要に応じて助言を行った。なお、個人の特定を避けるため、事例の特徴や独自性を損なわない範囲で個人情報などの事実関係、及び方言に関して改変を加えることとした。また、研究に使用する箇所のインタビューの逐語録を参加者に渡し、使用の了承を口頭で得た。

第4節　調査方法・調査内容

本研究を進める上で非構造化インタビュー調査を採用した理由は以下の通りである。

被害者が生活再建の過程を語ることは、その人のライフストーリーの語りにほかならない。

ライフヒストリー研究が歴史の流れの中にいる個人の歴史に焦点を当てるのに対し、ライフストーリー（人生物語）研究は、どのように人生経験が意味づけられているのかを研究する。そのため、ライフストーリー・インタビューでは、インタビュイーの語りを引き出し、生き生きと自己の体験を語ってもらえる問いが求められる（やまだ 2007b）。加えて、本研究では支援－被支援関係を反映させない問い方も重要となる。インタビューガイドの準備は研究者の枠組みで聞くこととなり、インタビュイーの体験やその体験に関する想い、その後の人生との関連性、個々の体験と人生への意味づけなど、インタビュイーが体験した現実やその現場で起こっていることを知り、そこから学ぶという行為から隔たってしまうことが懸念される（やまだ 2007b）。そのためインタビューは非構造化とし、「シェルターを出てから今までで、いつ頃、どんなことが大変だったか、それをどう乗り越えてきたか」という自由度の高いオープンな問いのみを最初に投げかけ、インタビュイーに自由に語ってもらうインタビュー手法を採用することとした。

インタビューは、子どものいない時間帯、かつ生活や仕事に支障を来さないよう時間を設定し、基本的には月1回となった。場所はそれぞれが希望する場所を使用し、プライバシーの保護に努めた。すべてのインタビューは両氏から承諾を得て、ＩＣレコーダーに録音を行った。

インタビューの回数と総時間はA氏が5回、計400分、B氏は5回、計290分となった。

第5節　データ分析

本研究は、アフターケア利用者が新たに生活を築く過程における困難、困難に直面した際に求める支援とその体験の当時の意味づけと現在の捉え直しを明らかにし、アフターケアのあり方を探求する問題探索型の研究である。そのためデータの分析は、ナラティブを意識したライフストーリーの聞き取りによる研究であるが、ストラウス&コービン派のグラウンデッド・セオリー・アプローチを参考にカテゴリー分析を行った。その理由は以下の通りである。

カテゴリー分析は、物事を一般性・共通性によって抽象化した形で捉える方法を意味し、未だ理解が難しいデータに対し、適切な概念を創出し、理論あるいはモデルを構築することを目指すものである（能智 2011）。アフターケア自体は個別の事情に応じ実施されるものであり、支援内容がケースや状況といった事象により異なるのは当然である。しかし、本研究の目的は個別の事情を考慮した理論ではなく、異なる事例に通底する基本的なアフターケアの要素を抽出し、概念を帰納的に生成することである。そのため、カテゴリー分析が本研究の目的に沿う妥当な分析方法であると判断した。

さらに、カテゴリー分析の中でもグラウンデッド・セオリー・アプローチ（ＧＴＡ）はデータから概念を抽出し、概念同士の関係づけにより、理論を構築することを目指し（戈木クレイグヒル 2006）、研究結果を実践に活用しやすいようモデル構築を試みるところに特長がある（木下 2007）。これらの本研究における分析手法の妥当性を確認し、ＧＴＡは筆者の研究目的に適していると考えた。但し、ＧＴＡにはいくつかの方法がある。木下（2007）はオリジナル版といえるグレーザー・ストラウスの分析について、データを細分化するため解釈が拡散することを指摘し、Ｍ-ＧＴＡを開発した。Ｍ-ＧＴＡでは、分析テーマと分析焦点者の２点からデータを分析する。その際、データを切片化せずに、研究者の問題意識に忠実にデータをコンテキスト（１つの語りの文脈）で見ていき、データの解釈から直接、概念を生成するため、経験的知識の再編成に寄与できる。

筆者は本研究の研究協力者と支援-被支援関係にあり、支援者が分析者としてデータ（逐語録）と向き合う際には、一定の心理的な距離を保ちながらデータを可能な限り客観的に捉える方法が相応しく、その手法を選択する必要があると考えた。ストラウス＆コービン派は、分析時のデータを切片化する際、切片の大きさを各部分のデータのリッチさによって変化させるところに特徴があり、各カテゴリーの関係を検討することを通して得る成果を実践に結び付けることができる概念の抽出が可能となる（戈木クレイグヒル 2006）。それにより、本研究の目的である当事者の困難の把握、及び支援の課題やアフターケアのあり方を示すことが可能になると考えた。

なお、A氏、B氏には子どもがおり、子どもの存在が回復の困難や生活再建に関与している。子どものいる女性がDVからの回復を考える時、本人のみの回復、あるいは親子関係に困難や未整理の問題を抱えた状態で回復したとは言い難い。生活再建と親子関係は切り離して考えることは難しく、両氏が語る養育や親子関係も分析の対象とした。但し、本研究は生活再建の主体となる当事者本人の生活困難と自立の阻害要因を抽出するという立場に立つ。そのため、子どもの抱える困難や成長など子どもが主体となる事由は分析対象には含めない。その上で妻、かつ母親であるA氏、B氏の当事者としての生活再建に関わる困難の様相と自立を阻害する要因及びアフターケアについて、注意深く分析を行うことに焦点をおいた。

分析手順は以下の通りである。インタビュー終了後、毎回、逐語録を作成し、熟読しながら、逐語録の余白に感想や疑問等をメモした。そして、それぞれの語りの中から、困難、及びその対処と対人関係、現在の状況に関する部分を抽出した。その後、抽出された語り（部分）を時系列に並べ替え、意味のまとまり毎に切り取り、オープンコーディングを行った。その際、両氏のおかれた状況や心情を理解できると考え、インビボ・コードを使用した。その後、コードの類似性を検討し、サブカテゴリーとする軸足コーディング、サブカテゴリーを統合する選択コーディングと進め、カテゴリーの生成を行った。なお、コーディングの作業は、被害者支援に精通している研究者から継続的にスーパーバイズを受けて行った。

本文中では、カテゴリーを【　】、サブカテゴリーを《　》、コードを〈　〉、語りのデータは「　」、筆者の補足を（　）と記す。

それではこの分析方法をおさえた上で、次章から実際に語りについてみていきたい。

第3章 A氏のケース：「この家族の仲がよかったらいい」

本章では、親から不適切な養育を受けたA氏が結婚後DVに遭い、様々な支援を得ながら自分自身の家族を作るまでの困難を本人の視点から分析を試みる。

インタビュー調査では、シェルター（Z施設）を出てから原家族との関係やDVに関して整理がつき、子どもと共に安定した生活を築く現在に至るまでを尋ねている。A氏の語りはシェルターに一時保護される以前の生活にも及び、その内容はA氏のシェルター退所後と切り離せるものではなく、より深くA氏の困難を理解するために必要であると判断し分析の対象とした。

A氏の結婚生活は約3年である。夫からDVを受け、Z施設での一時保護を経てY市へ転居し、インタビューに至るまでの約12年の過程を、A氏の生活環境の変化を軸に5つの期間に分け、それぞれを節として記述する。全5節は、第1節の一時保護に至るまでの【暴力からの脱出】の期間（3年）、第2節のシェルター入所中の【〝つながり〟を切望する】期間（1カ月）、

第3節のシェルター退所後から子どものショートステイまでの【恐怖・不安・孤独との闘い】の期間（1年半）、第4節のショートステイから【落ち着く過程の辛さ】の期間（4年）、そして第5節の「（最近の）3年ぐらいは本当に落ち着いている」と語るインタビュー調査までの【弾力性を持った生活の安定】の期間（3年）で構成される。

なお、A氏のおかれた状況を理解し、生活再建の過程で直面する困難やそれらが生活再建を阻む様相、そして支援を交えた対処法を明らかにする本研究の目的に迫るため、先行研究や調査報告も引用する。

節の説明を行う前に、A氏の生活再建に至るまでの概要をカテゴリー用いて図1に示す。上段の矢印「暴力からの脱出」から「弾力性を持った生活の安定」は再建の推移を示し、第1節から第5節で説明する。□はカテゴリー、矢印（⇒、⇔）はカテゴリー間の影響、拮抗・葛藤関係、◯はインタビュー時点でのA氏の到達点を示す。以下に図1に沿って、概要を説明する。

A氏のケースの全体像

A氏は〈親がトラウマ〉となる家庭に育ち、いわゆる〝ヤンキー〟仲間を疑似家族にして生

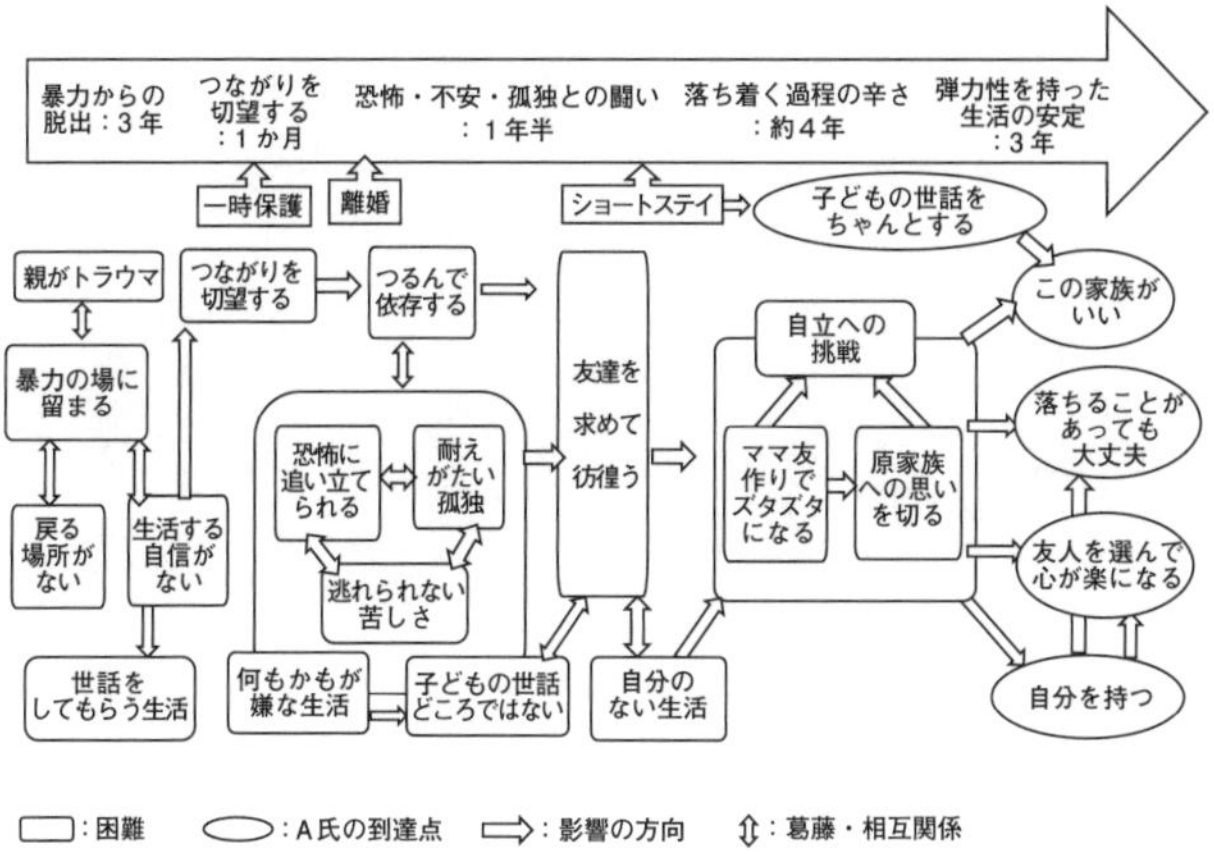

図１　A氏の生活再建の過程における困難の変遷

きてきた。DVを受けても【暴力の場に留まる】理由は、実家に《戻る場所がない》ためであるが、子どもを抱えて〈生活する自信がない〉A氏は、生活共同体ともいえる友だちに支えられた〈世話をしてもらう生活〉を手放すわけにはいかず、【暴力からの脱出】に3年を要した。

一時保護中、【〝つながり〟を切望する】A氏は、Z施設で〈シェルターの友だち〉を得たが、転居後は夫の追跡の【恐怖に追い立てられる】苦しみと【耐えがたい孤独】を抱えた【何もかもが嫌な生活】が始まった。A氏は恐怖や不安、イライラ感をアルコール摂取やリストカット、過量服薬で対処するも、却って【逃れられない苦しさ】を生じさせ、困難は負の連鎖となり、

【子どもの世話どころではない】状態へと陥った。〈シェルターの友だち〉との【つるんで依存しあう】関係は精神面の支えにはなったが、生活共同体とはなり得ない。A氏は転居半年後から、地元での生活と同様の生活共同体を再建しようと【友だち求めて彷徨う】。しかし、友人関係を優先させる〈自分のない生活〉は、【子どもの世話どころではない】状況に拍車をかけることとなり、その結果、子どものショートステイの利用に至った。

【恐怖・不安・孤独との闘い】を経た【落ち着く過程の辛さ】とは、それまでの自分がない生き方と対峙し、生き方の変容と向き合う過程における辛さである。ショートステイ後、A氏は友人関係を見直し、保育所とヘルパーを頼りに【子どもの世話をちゃんとする】よう務めた。他方、転居後のA氏の言動は保護者の間で噂になっており、【〝ママ友〟作りでズタズタになる】。対人関係の困難は父親との関係にあると考えたA氏は、【(原)家族への思いを切る】決意に至り、【自立への挑戦】が始まった。すなわち、《依存するしかなかった》という生き方から、〈ママ友〉との関係を通し、〈自分を持つ〉という挑戦である。約4年の対人関係の模索を経て、A氏は【弾力性を持った生活の安定】に至る。

インタビュー時のA氏は、〈自分を持つ〉ことで他者と対等な関係を結べるようになっている。そして【友人を選んで心が楽になる】だけではなく、【落ちることがあっても大丈夫】と自分自身と他者への信頼を得ている。さらに、【この家族がいい】に象徴されるように、A氏は子どもを守る母親としても自信を得て、子どもと共に生活を営んでいる。

第1節　暴力からの脱出

本節では、DVが始まり一時保護に至るまでの約3年の生活と、離別に3年を要した背景についてみていく。親からの不適切な養育を受けて育ったA氏は家庭内に居場所はなく、〝ヤンキー〟仲間が支えであった。結婚は経済的不利を知るA氏が【夫に頼って生き延びる】手段であり、DVを受けても【暴力の場に留まる】背景には原家族の中での孤独感があった（第1項）。他方、DVはエスカレートし、暴力を見かねた【友だちの主導で家を出る】に至った（第2項）。

1-1　【夫に頼って生き延びる】と【暴力の場に留まる】

インタビューでは暴力の詳細は語られていない。しかし、筆者は一時保護中の心理面接において、傷害罪に該当するような暴力を聞き取っていた。そんな暴力を受けても、A氏は実家へ戻ることを拒んでいた。

「あの家（実家）に帰るくらいなら、（夫に）暴力を振るわれてもいいって思った。」

A氏は継母からネグレクトと心理的暴力を受けて育った。実父はA氏の訴えに耳を貸すどころか、A氏を怒ることもあった。実父との関係を「自分の言いたいことは一切、言葉にできないし、ビクビクする」とA氏は振り返っている。〈家が苦しみ〉の場であり、〈親がトラウマ〉となるような家族の中にA氏の居場所はなかった。思春期からA氏は、A氏と同じように「（親に）受け入れてもらえない」、「一緒につるんでいたヤンキーの子たち」に支えられてきた。「そういう人達のおかげで自分は生きていたたし、（生活が）できてきた」と語るように、〝ヤンキー〟仲間がA氏にとっての家族、かつ居場所であった。西田（2012）は、ヤンキーの少女たちが早期の結婚・出産を望む傾向の背景には、彼女たちなりの幸せの実現への願望があると述べているが、A氏が自分の家族を求めたことは、自然な成り行きといえる。

A氏は〈つきあってもいない状態〉で結婚した。〈男の人に頼ったら生きていける〉〈外の世界に逃げられる〉ことを知り、《結婚に飛び込む》という、【夫に頼って生き延びる】道を選んだのである。A氏にとって結婚は、親から逃れるための手段であったが、A氏は夫に対し、《親に代わる愛情を求める》ようになった。A氏の言葉を借りるならば、生育過程で本来〈親からもらうべき愛情〉が足りないと、〈足りない愛情〉を求め続け、〈父親に似ている人〉に「もっと自分を大事にしてもらわないとだめだ」と考えるのだという。「父親にしてもらえなかったことを代わりに男の人にしてもらう」ことを期待したA氏は、夫に〈親と同じだけ愛してくれる〉ことも望んだ。そして、夫が〈してくれたことが光に見える〉間は〈暴力を振るわれても幸せに感じる〉ため、〈束縛を大事にされていると勘違いする〉こともあった。A氏は【夫に頼って生き延びる】ものの、暴力はエスカレートした。

A氏は夫との生活は自分が〈求めているものと違う〉と分かっていたが、〈暴力を振るわれる〉方が〈孤独よりまし〉と感じた。加えて、「自分で働いて、一人で家を借りてっていう能力も備わってなかった」A氏は、結婚生活を続けることに〈一緒にいても無駄〉という思いが蓄積するも、【暴力の場に留まる】しかなかった。夫に〈嫌でも縋る〉ことは、《戻る場所がない》《留まるしかない》という状況における消極的な代替策といえよう。

離別の決意には〝決定的底打ち実感〟が不可欠の要素である（増井 2011）。A氏は夫婦関係に〝決定的底打ち実感〟を持ちながらも、離別には至らなかった。離別を躊躇した要因は、橋本（2012）が指摘する〝自立への足がかりのなさ〟と〝見通しのない将来〟が挙げられる。加えて、自己に対する否定的認知や自己評価の低下といった親からの心理的暴力とネグレクトの深刻な影響があったと考えられる（奥山 1999）。

最終的に〈友だち〉がA氏の結婚生活に〝決定的底打ち実感〟を確信し、〈友だち〉らがA氏を夫から引き離す決意を固めたという。

1－2 【友だちの主導で家を出る】

A氏の状況に危機感を強めた〈友だち〉らは、A氏に家を出るよう説得し続けた。A氏は彼女らの協力を得て《離婚の方法を調べる》過程で暴力を受けた証拠の重要性を知り、夫による〈痣の写真〉を携帯電話で撮影して友人に送り、〈証拠の保全〉を行った。この頃からA氏は夫に〈離婚の交渉〉も試みるが、夫が同意することはなく、「逃げることを諦めていたこともあった」。しかし、「周りの子が諦めなかった。『絶対、子どもと逃げてほしい』って」と言う《友だちの離婚への強力な思いに押される》ように家を出る決意を固めていった。同時にA氏は〈家を出たくない〉という矛盾も感じていたことを次のように語った。

「正直、（家を）出たくなかった。赤ちゃん二人を抱えて、自分が今の状態で生活できるなんて思えない。」

〈離婚の交渉〉や〈証拠の保全〉で〈精神を削る〉思いをし、その上、夫に気づかれないように家を出る準備を進めていたA氏は、「ぼーっとして、最後の方は何もできない状態」となった。さらに、〈シェルターの情報がない〉なかでは、家を出ることも留まることもどちらも見通しが立たず、A氏は《家を出る恐怖と葛藤》を抱えた。〈判断停止・無力状態〉に陥ったA氏を〈友だち〉らは、家まで迎えに行き、荷物をゴミ袋に詰め込み、子どもを連れて家を出た。A氏の気力は限界に達し、駅まで辿り着くも、「友だちが『あっちだよ、こっちだよ』って、言っているのに、話を聞いているつもりなのに、友だちと違う方に行ったり」と、〈友だちが道中の責任を負う〉ように、《友だちに連れられる》形で、市の配偶者暴力相談支援センターに辿り着いた。

上間（2015）は、〝ヤンキー〟と呼ばれる非行少女グループが、学校から社会への移行期にリスクに直面した際、シェルターとして機能し続けていることを見出し、その同輩集団の重要性を指摘している。A氏も、〈世話をしてくれる友だち〉〈諦めない友だち〉の支えで親子関係やDVを乗り切ってきた。家を出た背景には〈友だち〉を裏切れない思いが窺われる。疲労困憊し〈判断停止・無力状態〉となったA氏が〈友だち〉の支えをなしに〈生活する自信がない〉と思うのは妥当である。他方、〈友だち〉らはエスカレートする暴力に危機感を募らせていたのであろう。【友だちの主導で家を出る】とは、A氏が〈子どもとの安全な生活〉を送ることを望む〝ヤンキー〟仲間の結束力の表れである。

第2節　〝つながり〟を切望する

第2節では、A氏のシェルター（Z施設）での生活について記す。シェルター入所中は、安全面を考慮し、親族や友人等との連絡や外出は制限される。A氏の入所期間は約1か月[7]であった。この間のカテゴリーは【〝つながり〟を切望する】が抽出された。

2-1　【〝つながり〟を切望する】

シェルター入所により暴力の恐怖はなくなった。A氏はその当時を次のように振り返った。

「すごく怖かった。どうなるのかな、この先って。初めての自立。（略）本当に自立しなきゃだめだっていうのを与えられたのってシェルターに来てから。」

A氏はシェルターに入所し、《ひとりになる》ことで、〈この先〉について2つの〈恐怖と不安〉に直面した。1つは、「初めての自立」であるが、ここでいう「自立」は、〈ひとりぼっち〉と解釈できる。A氏はDVのある生活の中でも、昼間は〈友だち〉らと一緒に行動し、また、自分自身の人生や生活、子どもの世話も〈世話をしてくれる友だち〉や暴力を振るう夫に委ねてきた。シェルター入所により、A氏はこれらの生活共同体を同時に喪失したことになる。もう1つは「自立」に対する〈恐怖と不安〉である。生活共同体の喪失はこの時のA氏にとって依存対象からの分離を意味した。それは〈この先〉について、誰かに選択を委ねるのではなく、自分で考えて決めなければならない精神的自立を求められたに等しい。

初めて《ひとりになる》ことを経験したA氏は、〈つらい・どうしよう〉と不安を抱き、〈ぼーっとする〉〈やつれる〉など、《周りに心配される》ほど、深刻な様相を見せた。実際、筆者は不眠やイライラを訴えるA氏に精神科受診を勧め同行した。この状況に風穴を開けたのは同じシェルター利用者のC氏であった。「何か気が合った」というC氏はA氏と同年代でありながら利用者のリーダー的な存在であり、『（退所後のことは）私に聞いてくれたらいいから』

とA氏に声をかけた。
先述したように筆者の勤務するZ施設では各利用者に担当者がつき、婦人相談所のケースワーカーと連携し、入所中、及び退所後の生活について利用者と共に考え、関係機関との調整を行うなどの支援体制をとっている。しかし、A氏はZ施設の自分の担当者を一時保護期間限定の「一時しのぎ」の関係であると考えた。そのため、〈退所後も頼れる〉C氏と同じ市内に転居することを決め、C氏の紹介で退所後に住む家を借りたのである。このような【〝つながり〟を切望する】理由について、A氏は以下のように説明した。

「(シェルターを)出ていく日が近づくと、何か不安になって、どうしよう、どうしようって思うから、みんな連絡を取り合おうとする。」

A氏のように短期間で利用者同士の距離が縮むことは、Z施設では特段珍しいことではない。シェルターでの生活や退所までの段取り、生活保護や母子生活支援施設等の制度や関係機関に関する情報、職員の人となりなど、知りたい情報は多岐に渡る。A氏のようにシェルター退所後の生活を描けなければ、《恐怖と不安から繋がりを求める》ことも当事者の対処法と解すことができる。但し、施設の職員からすれば、利用者同士のつながりは、間違った情報の共有や金銭等の貸し借りなどトラブルに発展することがあるため推奨されない。

高畠（2001）は、シェルター機能の1つに、当事者が仲間や支援者と繋がることにより、エンパワーされることをあげている。A氏の場合、C氏を含めた「みんな」を新たな依存対象、あるいは生活共同体とすることで、シェルター退所後の〈この先〉への見通しと安心が得られた。【〝つながり〟を切望する】とは、〈ひとりぼっち〉の生活に不安を覚えていたA氏の対処法である。同時にA氏自身も他の利用者を気遣って〈連絡を取り合おうとする〉様子から、シェルターで培われた人間関係が一方的な依存ではないことが窺える。

第3節　恐怖・不安・孤独との闘い

転居後、〈地元の友だち〉やC氏は、A氏の諸手続きや買い物に同行し、【生活基盤を作ってくれる】が、【何もかもが嫌な生活】が始まった（第1項）。さらに、【恐怖に追い立てられる】【耐えがたい孤独】（第2項）がA氏を追い込んだ。【子どもの世話どころではない】状況でA氏は〈シェルターの友だち〉と【つるんで依存しあう】が、却って【逃れられない苦しさ】は増悪した（第3項）。そんな中、A氏は転居先で【友だちを求めて彷徨う】ようになった（第4項）。

3-1 【何もかもが嫌な生活】と【生活基盤を作ってくれる】

【何もかもが嫌な生活】とは、DVや環境の変化により疲弊したA氏の生活の様相をいう。A氏は【生活基盤を作ってくれる】支えを要した。

シェルターを退所したA氏はその足で、DVからの救出に奔走した〈地元の友だち〉の同行で、生活保護の申請等の諸手続きを始めている。後に彼女らは離婚に係る弁護士相談や調停にも同行したという。A氏が同行を必要とした理由は、夫の追跡を恐れ〈手続きさえ怖い〉ため〈すぐに動けない〉こと、〈ワンワン泣く子ども〉を抱え、A氏自身も〈常にパニック〉状態にあること、土地勘がなく役所等の〈場所が分からない〉ためである。そのため、《一緒に手続きしてくれる》友人は、なくてはならない存在であった。そしてこの〈地元の友だち〉は〈ガス会社への連絡〉や転居先の〈部屋の掃除〉など《生活準備をしてくれる》という役割も担っていた。

生活面では、A氏は〈布団から日用品まで買い揃える〉必要があり、C氏が家電量販店やスーパー、コンビニエンスストアに「一緒に連れて行ってくれた」という。しかし、「ベビーカーの上に積んだ布団を（不安定なので）何度も落としながら帰る時に、（子どもに）『抱っこ』って言われたらキレてしまう」と、日用品を揃えることは《買い物で気が狂いそうになる》大変さであった。「Cさんがいたから、まだいけたかなって思う。（略）まったくゼロだったら本当の孤独だから」と、C氏は、A氏の不安を受容し、《生活に密着した助けをくれる》という存在であった。【生活基盤を作ってくれる】援助を得て、諸制度に繋がったA氏であったが、当時の状況を以下のように語っている。

「まともなご飯も食べてなかった。不安だからお酒を飲む、タバコを吸う、テレビを見る、何もしたくないと思う、食器も洗いたくない、風呂も入りたくない、自分のことさえもできていなかった。」

A氏は、《からだのケアができない》《基本的な生活ができない》状態が続いた。DVの中での生活、DVからの脱出準備と脱出、シェルターでの生活を経て地元から離れた地域への転居と、A氏は常に恐怖と不安を抱え、緊張を強いられ、転居後も【何もかもが嫌な生活】が続いていた。

3-2 【恐怖に追い立てられる】と【耐えがたい孤独】

【何もかもが嫌な生活】からの回復を阻害した要因に、【恐怖に追い立てられる】と【耐えがたい孤独】があげられる。

シェルター退所後、A氏は夫に「殺されるかもしれないっていう恐怖心」に支配された。加害者の追跡を警戒し身を隠すような生活を強いられ、暴力を思い出す恐怖に曝されながら生活する当事者は多い（内閣府男女共同参画局 2001）。A氏は《常に警戒態勢》の状態を次のように語った。

「周りを見回して、誰もいないと思って、バーッと走って、何回も後ろとか振り返りながら、バーッとダッシュで走って帰る。」

A氏は〈生活範囲はコンビニ〉という生活を送り、「夕方、暗くなってから子どもをおいて」買い物に出た。自宅からコンビニまでの徒歩5分以内の距離も〈ダッシュで買い物〉し、〈ご飯を選ぶ余裕がない〉など、〈追跡の恐怖〉は食生活にも影響した。この頃のA氏は、〈いつも恐怖の中にいる〉緊張を強いられ、〈夫の存在だけを意識する〉ため、自分がどのように見られているか〈周囲の目は関係ない〉状態にあった。一方で、「どの車を見ても探偵としか思えない」ため、車中の人が自分を見ると、「家のそばでも遠回りして帰る」など、安全か否かも〈恐怖で判断がつかなくなる〉ようになった。子どもに執着していた夫側から〈子どもを守らなければ〉と考えたからである。当時の状態をA氏は「必死すぎて、いちいち自分を理解して行動しているわけじゃない」と、説明した。《用心に用心を重ねて疲弊する》上に、《常に警戒態勢》を強いられたA氏は、「もうじっとしていられないっていうか、お酒を飲むとか、シェルターの友だちと（電話をしあって）繋がるとかっていうのが酷かった」と、恐怖を紛らわせようとした。飲酒による不安や恐怖の軽減は自己治療と解されるが、抑うつ状態を悪化させることが指摘されている（宮地 2013）。

加えて、【耐えがたい孤独】が転居後のA氏を苦しめた。A氏の父親は、実家にあった小さな冷蔵庫とフライパン、食料を持ってきてくれた。しかし、その時も父親は、掃除ができていないことに「怒るだけ怒って」おり、A氏は《家族を頼れない》と再認識し、失望と孤独を感じるしかなかったという。

A氏は転居後の〈孤独〉の苦しみを繰り返し訴えている。

「〈地元から〉離れてみたら、会話する人もいないし、寂しいし、孤独に耐えることがもう。ずっと依存、依存で生きてきた人生だったから、それがすごく辛かった。」

〈孤独〉とは〈ひとりぼっち〉と言い換えることができるが、A氏は〈孤独に耐えられない〉理由に、〈依存、依存で生きてきた〉ことを挙げている。〈依存、依存で生きてきた〉とは〝ヤンキー〟仲間とつるみ、夫に縋って生きてきた様相をいう。A氏は〈話し相手がいない〉ことにより、「孤独で気が狂いそう」という寂しさと生活そのものに困惑した。

この困難に対しA氏は、〈地元の友だち〉に〈電話をかけまくる〉という対処を試みた。〈地元の友だち〉の反応は、「子どもがいるじゃないの」と子どもを支えに頑張ることをA氏に期待した言葉であった。ところがA氏にとって子どもは〈話し相手にならない〉上に、母親であるA氏に世話を依存する存在であるため、孤立無援感を強化する対象であった。加えて、〈地元の友だち〉の訪問は、A氏が生活保護や一時保育の利用などに繋がると減少した。地理的な距離を考慮するとそれは自然な流れであるが、A氏には見捨てられ不安が生じたのだろう。しかしA氏と〈地元の友だち〉との間は、寂しさや恐怖に関して話せば話すほど溝が生じ、A氏は《地元の友だち・生活との隔たりを感じる》ようになった。

【恐怖に追い立てられる】A氏は、夫の状況を知るべく、〈事情を知らない人〉にも、「わざわざ自分で事情を説明して、本当は知っているんじゃない？」と、〈探る・疑う・試す〉ことを繰り返した。〈夫・自分・子ども・全てにイラつく〉状態にあったA氏は、〈感情を吐き出さずにはいられない〉ようになった。A氏はそんな自身の言動を「異様」だったと振り返っているが、A氏の言動は《地元の友だちと切れていく》一因となり、【耐えがたい孤独】が深まった。

【恐怖に追い立てられる】【耐えがたい孤独】は、【何もかもが嫌な生活】に拍車をかけていった。

3−3　【子どもの世話どころではない】、【逃れられない苦しさ】そして【つるんで依存しあう】

A氏は家を出る前から、〈生活する自信がない〉と不安を抱えていた。シェルターで過ごした約1か月で心身の回復を図ることは叶わず、「私はここに来た時から、子ども、子どもではなかった。自分が必死な感じだったから」と、《自分のことで精一杯》の状態で新生活が始まった。A氏は、「この子たちに何かあった時に、どこに連れていったらいいのか」など《一人で子どもをみる不安》を抱えたが、その不安はすぐに現実のものとなった。二人の子どもは体調不良を繰り返し、土地勘のないA氏は、大きな病院まで〈タクシーで受診〉しなければならず、〈疲労困憊〉〈何もしたくない〉〈子どもをみてほしい〉と、疲弊した状態が語られた。栄養を考えた食事を作る余裕もなく、子どもが〈ぐずったら牛乳〉を与え、時に〈怒鳴る・叩く〉こともあったという。「子どもが寝てからが自分の時間って思っているから、夜中3時、4時まで飲んで、子どもが起きてきたら怒鳴り散らして」と、《虐待のような生活》となるまでに時間はかからなかった。【子どもの世話どころではない】という当時の心境をA氏は以下のように語った。

「だって不安だし、怖いのに、どうして〈子どもを〉見なきゃいけないのって。」

この頃、離婚は成立しておらず、A氏は夫の〈追跡の恐怖〉は抱えたままだった。幼い子どもらは買い物に連れて行くと〈動き回る〉ため、A氏は「抱っこして、かごを持って、手をつないでって、とっても気が狂いそうだった。だからもう道路の真ん中で、助けてぇって泣いたこともあった」という。外出先で子どもが動き回ったり、はしゃいだりすることで、〈注目を浴びたくない〉ため、A氏は〈引きこもり状態〉となった。しかし、家にいても子どもらは「泣きわめいて、会話もできない」ため、A氏のイライラは募った。A氏は〈自分勝手な考え〉になっていったと振り返っているが、《助けがほしい》と思っても、誰（どこ）に、どのように助けを求めたらよいのか分からなかった。

A氏自身も《虐待のような生活》を自覚しており、一時期は《子どもを夫に渡そうか》と思い悩み、〈子どもをみたくない・みられない〉、〈かわいいと思わない〉など、《子どもをみる重圧から解放されたい》と願うようになった。

A氏の状態を心配したC氏は近所の精神科に同行している。A氏は《イライラを何とかしたい》《落ち着きたい》と思い、〈安定剤を頼る〉も効果はなく、〈リストカット〉や〈安定剤の乱用〉に陥った。【逃れられない苦しさ】はA氏の判断力を鈍らせた。そして、周りの人たちは〈自分を知らない〉と思い、「イライラして人に怒鳴り散らしたり」、服薬して〈フラフラ歩く〉など《周りを気にする余裕もない》状態となった。

その頃、A氏はC氏と頻繁に会い、複数の〈シェルターの友だち〉と電話で延々と《つるむ》ようになっていたが、その理由を以下のように語った。

「自分の大変さや辛さを話せるのはその人たちしかいないから。だから、依存しあっていたんだろうなって思う。」

〈シェルターの友だち〉はA氏の言動を責めることなく共感した。この【つるんで依存しあう】とは、DVやシェルター生活を体験した仲間同士で繋がり、困難や対処法を互いに吐露し、支持や共感を得る関係をいう。

【子どもの世話どころではない】状況に陥ったA氏は、C氏からZ施設のアフターケアの情報を聞き、自ら助けてほしいと援助を要請し、状況を聞き取ったZ施設は婦人相談所と協議しアフターケアを開始した。しかし、A氏の生活を援助したのはアフターケア開始後にできた友人らであった。

3-4　【友だちを求めて彷徨う】

「知り合いがいなくて、情報がなくて、すっごく友だちがほしかった」。転居後半年ほど、A氏の交友関係は〈地元の友だち〉と〈シェルターの友だち〉に限られていたという。小児科や美容院の評判、安い店など地域に根差した情報は生活に不可欠であり、情報を得るには地域に精通する友人が求められる。〈生活範囲はコンビニ〉という状況が続く中、A氏はコンビニエンスストアでD夫婦に声をかけられた。そして、どのような人かも分からないうちに〈すぐに友だちになる〉だけではなく、買い物や食事、子どもの世話など生活全般を〈お世話される〉という、《あり得ない関係を築く》。さらに、D夫婦との出会いを機にA氏の交友関係は広がりをみせた。

「誰か友だちになれる人はみんな友だちになっておこう、みたいな。」

A氏は「家族がいないことが一番の不安だったから」、《家族のいない不安を補う》ために《誰でもいいから友だちになる》のだった。〈誰かがいないと不安になる〉上に、〈関係が切れる恐怖〉を抱えたA氏は、〈嫌なことを嫌と言えない〉〈主張できない〉ため、自分の意思よりも〈ここの友だち〉関係を優先した。しかし、《友だちに縋る》が故の〈自分のない生活〉は苦しく、突然、友人と関係を切ることや〈子どもにあたる〉こともあった。そのため、A氏も子どもも不安定な状態となり、子どもの世話を手伝ってくれる新たな〈ここの友だち〉が必要となった。その結果、「無理やり作る友だち（の間）をずっと放浪の旅みたいになっている状態」で、援助してくれる対象を求め、《友だちの間を彷徨う》《誰でもいいから友だちになることが繰り返された。DVからの回復には、当事者の孤立感を減らし、社会的能力やコミュニティへの所属感を促進させることが重要であるが（村本 2013b）、【友だちを求めて彷徨う】状態はコミュニティへの所属とは言い難い。

さらに、〈無理やり作った友だち〉との関係は「保育園の先生にも（友人関係について）『本当に大丈夫か』って聞かれ」るような〈異様さ〉を伴った。他方、A氏は保育士から〈お母さんがしっかりしないと〉と励まされることに自分の苦しさを「誰も分かってくれない」と重圧や反発を感じ、「何回もどちらか1人でもだんなに渡そうか」と思うほど悩んでいたと語った。

A氏には《虐待のような生活》に加え、子どもの世話を〈無理やり作った友だち〉に任せるネグレクトも懸念された。その間、筆者と保育所は親子の情報を交換しながら見守りを続け、保育所は市の家庭児童相談室と連携していた。そして、筆者はA氏の体調と生活を立て直すため、子どものショートステイ（短期入所生活援助）利用をA氏に提案した。最初は躊躇していたが最終的にはショートステイを希望し、手続きは保育所が担った。ショートステイは1週間の予定であったが、A氏は2、3日で子どもを迎えに行った。これを機にA氏の生活には変化がみられた。

第4節　落ち着く過程の辛さ

ショートステイ後、A氏は【子どもの世話をちゃんとする】が（第1項）、A氏のこれまでの言動は周囲から注目を浴びており、他者との関わりはA氏にとって【自分を受け入れる闘い】となった。【〝ママ友〟作りでズタズタになる】経験を通して、A氏はうまくいかない対人関係の原因は親子関係に起因する依存する生き方にあると考え【（原）家族への思いを切る】（第3項）。そしてママ友との関係を模索しながら【自立への挑戦】が続いた（第4項）。

4-1　【子どもの世話をちゃんとする】

「（子どもと）離されるってことも自分の中では辛かったから」、ショートステイは2、3日で終了となった。A氏は子どもを〈捨てた〉としか思えず、ショートステイは《自分のせい》であると考えた。

「これではだめだって思ってから、そこからちゃんとなるまで長いけど、きっかけは子どもと離れたことと思う。」

A氏は、「次に施設に入れたら人間じゃない」と、子どもへの関わりを〈反省〉し、《ちゃんとしなきゃだめだ・ちゃんとしよう》と心掛けた。そして子どもに〈ちゃんと話す・接する〉よう意識し、〈子どもの情緒の安定〉を目指した。A氏は、子どもが年中、年長、小学生と成長するにしたがって、《愛情を取り戻す》ために必死になったという。

「普通っていうのを色々知る時なので、（このままでは）だめだと思って、必死になったかな。」

「普通」とは、《虐待のような生活》と対極にある生活を指す。A氏が語るには、年中や年長になると子どもは〈親の言うことを理解する〉ようになり、学校で〈普通を知る〉ようになる。A氏は、このままでは子どもが母親である自分や家庭（生活）を「普通」ではないと思ってしまうと考えた。そのため、子どもが母親に愛されていると感じられるよう「必死になっていた」。次項に述べるが、A氏は自身の今までの言動に関する噂を〈子どもの耳に入れたくない〉が、耳に入ったとしても、噂を打ち消すことができるほどの「普通」の生活と親子関係を作っておきたかった。

加えてA氏はショートステイを〈きっかけ〉に、「今までなら、おかしいって分かっていても一緒にいた」〈シェルターの友だち〉や〈無理やり作った友だち〉との関係を見直し、《友だちと離れる》ようになった。さらに、【子どもの世話をちゃんとする】ためにホームヘルパー[8]を定期的に利用するようになった。

4-2 【自分を受け入れる闘い】

ショートステイを機にA氏は、自分一人で保育所に送迎するようになった。他方、保護者と関わりができたことで、「気がついたら、(保護者は) 皆、自分のことを知っていた」という新たな困難に直面した。

A氏は「正気に戻ってからの方が苦しかった」と語った。〈正気に戻る〉とは、〈精神的に落ち着く〉という意味である。転居後の1年半のA氏は、《周りを気にする余裕がない》ため、〈保育所の人たち〉に〈目撃されている〉と考えが及ばなかった。【逃れられない苦しさ】を抱えた当時のA氏は〈やりたい放題〉で、〈無理やり作った友だち〉関係は〈異様〉であった。

そんなA氏の姿は〈周り〉や〈保育所の人たち〉の噂の的となっていたのである。

A氏にとって当時のことは触れられたくない〈嫌な過去〉であり、「異常ってことは分かっている」。ところがA氏は、〈保育所の人たち〉と関わることで、〈忘れている記憶〉や〈消し去った記憶〉について、〈自分の記憶以上のことを聞かされる〉だけではなく、〈周り〉から〈おかしく思われている〉ことや〈噂になっている〉ことを知らされる。《知りたくない自分を知る》ことにより、A氏には自己嫌悪や恥の意識が生じた。

「自分が正気になってからの、あの戦いは地獄だと思う。なんか自分を曝して歩いているような感じだもん。」

【逃れられない苦しさ】の中での〈やりたい放題〉の方が〈自分を曝す〉ように思われる。しかしA氏にとっては、〈正気になってから〉の方が《自分を曝して生きる》感覚であり、「私を見ていた人たちの中で生きていくこと」は〈地獄〉の辛さであった。A氏が取り繕おうとしたところで、〈保育所の人たち〉はA氏の〈嫌な過去〉や〈最悪なこと〉を知っている。A氏は知られていると認識しながら、その過去をなかったかのように振舞うしかない。彼女らは、

A氏がそのように振舞っていることを見越して、A氏の表情や態度などに注目し、噂する。自分に関する〈噂〉を〈子どもの耳に入れたくない〉と考えるA氏は、〈正気〉に戻った今の自分が本当の自分なのだと、〈保育所のお母さん〉に容認してもらえるよう闘わなければならなかった。

そんな中、A氏は〈保育所の人たち〉に〈事情を聴かれる〉ようになった。〈詮索〉と感じたA氏は〈事情を言えない〉と考え2つの方法を試みた。一つは関わりを持たず〈絶対しゃべらない〉ことであり、もう一つは〈嘘をつく〉ことである。しかし、前者は却って〈噂〉を広められ、後者は「色んな人に嘘を言っていたら、一貫している嘘をつけないから、ばれていく」ため、やはり〈事情のある子（人）〉と捉えられた。また、「信用してちょっと〈事情を〉言っても、仲が悪くなったら噂になる」など、どのような方法をとっても〈噂される〉ことに苦しんだ。A氏は〈保育所のお母さん〉たちと〈腹の探り合い〉のような付き合いとなり、〈色んな人と揉める〉など《噂に対する攻防戦》が続いた。

A氏はDVについて「言っても多分、理解されないこと」であり、「人に言える話じゃない」と語った。DVという用語は8割以上の女性に周知されている（内閣府男女共同参画局

2015)。他方、被害者の恥の意識や罪悪感は、DV被害を語ることを困難にし、苦痛から逃れるためのアルコール等への依存が更に語ることを困難にするという悪循環が指摘されている(宮地 2013)。A氏は、DV経験がない〈保育所のお母さん〉たちに、DVやその後に続く困難を語ったところで、《理解されない》と判断し、〈嘘をつく〉ことを選択したのであった。

4-3 【(原)家族への思いを切る】と【〃ママ友〃作りでズタズタになる】

《噂に対する攻防戦》が続く中、A氏は保育士から「年長クラスになってきたら、(他の)親子とのつきあいが多くなる」ために親同士もつきあうよう助言を受けた。A氏自身も「誰かと繋がっておかないと、子どものことが分からなくなると思った」ことから、いわゆる〃ママ友〃作りが開始された。すると、《噂に対する攻防戦》から一転し、毎日のように会ったり、携帯電話でやりとりしたりする〈ママ友〉が数人できた。

〈ママ友〉に関しては、〈情報をもらえる〉、〈子どもをみてもらえる〉などのプラス面はあったが、精神的に《ズタズタ・ボロボロになる》ほど、もがき苦しむ面も生じさせていた。

「あの時は、目の前も見られない、真っ暗な状態だったから、思いついたことをそのままして、もう滅茶苦茶だった。」

「あの時」とは、「ズタズタになって、依存が強くて、色んな問題を起こしている時」を指す。〈行き過ぎたママ友作り〉は、〈依存して問題を起こす〉ことになった。【友だちを求めて彷徨う】様相が〈ママ友〉関係で再演されたといえる。A氏は〈ママ友〉関係を維持するために、〈思いつくまま行動する〉ことや〈やる必要のないこと〉をするなどして、関係や状況を悪化させた。このように、《つながりのない不安》を軽減しようと、出口の見えない〈真っ暗な状態〉の中、〈ママ友〉関係の模索が続いた。

【〝ママ友〟作りでズタズタになる】関係を語りながら、A氏は自身の親との関係、【（原）家族への思いを切る】ことについても語った。

「依存心を切るっていうのは、やっぱり、親とちゃんと縁を切るって（ことで）、徐々に徐々に、徐々に徐々になんだろうって思う。」

A氏は自身の対人関係の困難は〈依存〉にあると見出し、さらに、〈依存心を切る〉ことと

〈親と縁を切る〉ことを同義として語っている。A氏は《家族のいない不安を補う》ために依存対象を求めた。〈地元〉の生活では、ヤンキー仲間の〈世話をしてくれる友だち〉と夫がその役割を担った。その後は、〈シェルターの友だち〉、〈無理やり作った友だち〉、〈ママ友〉を依存対象とするも、これらの関係はA氏の不安を解消しなかった。やがてA氏は依存対象の根本である親との関係を見直さざるを得なくなった。虐待を受けて育った当事者にとって、親と対峙することは新たな人生を切り拓く足掛かりになる（藤木 2007）。

A氏はインターネットで「親子関係で悩んでいる人」と検索を重ね、多くの人が勧めるある本に行きついた。読了後、「胸につかえているものがなくなって、ああもう家族はいらないって思った」と、〈親と縁を切る〉〈父親から気持ちを離す〉覚悟を持った。継母とは結婚後、関わりを持っておらず、A氏にとって親とは父親のみをいう。

「多分、腹をくくったから、考え方が変わった。もう仕方がないって。ここでやっていくしかないって感じになった。」

《父親への思いを断ち切る》ことは、〈ここでやっていくしかない〉と、精神面での仕切り直しとなった。〈仕方がない〉とは、父親に愛情を求めても得られないと諦念し、戻る場所はないとの覚悟が込められている。A氏は自身が育った原家族を〈意味のないこと〉とし、「考え方を変えなかったら抜け出せない」と語った。つまり、自分が求める家族や居場所をここで築いていくしかないと考え方を変換したのである。

《意味のないことから抜け出す》という覚悟は、〈家族にしがみつくきょうだい〉と原家族に対する思いの齟齬が生じ、A氏は《きょうだいも切る》こととなった。「(家族を)切った時は一人、孤独で辛かったけど、いつの間にか何でもないこと」になったと語っている。

4-4 【自立への挑戦】

A氏は【〝ママ友〟作りでズタズタになる】中で、【(原)家族への思いを切る】覚悟に至った。そして《依存するしかなかった》自身の生き方を振り返り、そのようになった理由に〈自立できる精神〉を持ち得なかったことを挙げた。

「自分っていうものをちゃんと持っていたら、どんな環境で生活をしていても、自分で生きていく力は、何とか探そうって思えたと思う。けど、それができなかったのは、依存心が強かったからって思う。」

A氏のいう〈自立〉とは、〈自分を持つ〉こと、〈自分で生きていく力〉を持つことである。自分の人生を取り戻すためには、自分自身を知り、DVの影響を理解することが重要である（中島 2013）。A氏の場合は、親からの不適切な養育の影響を理解することから、〈自立〉という〈新しいこと〉への挑戦が始まった。

A氏は《変わるために考える》ものの、〈ママ友〉との関係は続いており、A氏にとっては経験したことのない対応が求められた。その様子は次のように語られた。

「孤独が嫌だから、孤独をどうにかしようと考えるけど、経験したことがないと（解決するための）順番も分からない。」

「依存したらだめだけど、依存している状態の時に、まともなことを言われても、急にはできない。」

A氏は、〈一人ぼっち〉が嫌であるため、〈依存する〉方法以外で対処を試みた。しかし、そのような方法は〈経験したことがない〉ため、解決の手順が分からず〈依存する〉こととなる。〈依存したらだめ〉な理由は、他者との適切な距離感が掴めず、〈自分のない生活〉に陥ってしまうからである。そうとは理解していても支援者が言う〈まともなこと〉は〈すぐにできない〉という。例えば、『毎日会うことが友人ではない』と助言されても、従来の〈つるむ〉関係からすると、〈すぐにできない〉のも当然であろう。A氏は精神的に〈グチャグチャ・クネクネの状態〉になり、〈答えのないところ〉に留まることを強いられた気持ちになった。

そんな〈苦しい〉状態の中、〈ママ友〉との関わりを模索し続けたが、うまくいっているかのように見えても〈ママ友〉との関係は、些細な出来事で壊れたり、敵味方に分かれたりする。「一つずつって周りは言うけど、自分の中では焦るから、答えを出そうと思うから」と、〈ママ友〉との関係に《焦る・諦める・止まる》ことが繰り返された。

「最初の頃はゼロに近いところには余裕で戻ってしまう。そしたら、もうそこで自分はだめって諦める時が何回もある。」

〈ゼロに戻る〉とは、〈依存して生きる〉状態に戻るだけではなく、〈自分はだめ〉〈もう無理〉など、自己肯定感なども〈ゼロに戻る〉状態をいう。

結局、A氏は〈ママ友〉について約4年をかけ、「表面的なところだけを見て、噂を立てているだけで、本質的な部分は何も見ていない」と納得し、〈ママ友はママ友にしかなれない〉とその関係から離れた。大嶋（2019）は、嗜癖する女性は発達段階の課題を殆ど体験することなく、実年齢とは無関係に、ある時期に留まっていると論じている。A氏にあっては、〈自立〉と〈依存〉を課題とする主体性の獲得期（大嶋 2019）に留まらざるを得なかったといえよう。

第5節　弾力性を持った生活の安定

A氏は〈地元の友だち〉について、「そんなに執着はないというか、何か生活が変わったというぐらいに思っている」と語った。「生活が変わった」背景には、【友人を選んで心が楽になる】という友人関係（第1項）と、自分に対する【落ちることがあっても大丈夫】（第2項）という支えがある。また、【父親と心の距離を置く】ことで得た【この家族がいい】という家族に対する想いが高まる一方で、【子どもにとったら父親だから】と子どもと夫（父親）との関係について課題が浮上した（第3項）。

5-1 【友人を選んで心が楽になる】

《ママ友は作らない》と決めたA氏は、「今では友だちは2、3人」という。そして、「今の状態で、自分が落ち着くって思えることが幸せ」と、〈孤独〉を感じなくなった自身の変化を語った。

「最近、すごいことに気づいた。私、自分のことで悩まなくなった。（略）今、誰ともつきあってないから、立ち直りがめちゃくちゃ早いの。」

A氏の〈すごい〉変化とは、〈自分の悪口や噂〉を耳にしても悩まないことと、〈立ち直りが早い〉ことである。A氏は《人の振りを見て勉強する》ことを続けていた。その結果、愚痴を言い合う〈ネガティブな人たち〉に対し、〈自分もそうだった〉と客観視した上で、〈ちゃんとした人〉は〈触れてはいけないところ〉に〈ズカズカ入ってこない〉ことを〈大人になってから知る〉こととなった。さらに、A氏は対人関係について、「寄りかかっている状態で人を求める」と〈助けてくれる人〉は〈自分に似た人〉になるため、《寄りかかって生きるな》という教訓を得た。

《つきあう人を選ぶ》A氏の〈今の友だち〉は、A氏にとって〈プライベートに踏み込んでこない〉、〈自分を裏切らない〉、〈安心できる人〉である。他者との境界線を意識できることは、過度に依存せずに適度な距離を保つことや支配–被支配関係の再演の防止となることがここに示されている。A氏は《つきあう人を選ぶ》ことで、自分を守ることができるようになり、生活しやすくなっていったのだった。

5–2 【落ちることがあっても大丈夫】

A氏は〈今〉の生活を「幸せと思って、すごく安定していて、いい方向にしかいっていない」と語った。一方で、〈人間関係〉で〈自分が問題を起こすかも〉しれず、《油断してはいけない》と戒めている。しかし、〈ひっくり返る〉ことがあっても《どん底には落ちない》と、次のように語った。

「今はその時と違って、頼る人もいるし、相談できる人もいるから、最低のところまではいかないいって思っている。」

A氏は、自分とは〈正反対のタイプ〉というヘルパーや〈プラス思考の友人〉に〈愚痴を言う〉〈話をする〉ことで、子ども同士の喧嘩や〈ママ友〉の〈噂〉などに対応している。《相談相手がいる》ことはA氏にとって、〈解決してもらえる〉〈考え方を教えてもらう〉〈聞いたらどうにかなる〉など安心感に繋がっている。《どん底には落ちない》自信は、A氏に以下のような変化ももたらした。

「元に戻らないいって、そんなにおかしくならないっていう自信が自分にあるから、ひとりで考えたいとか、まあ、人の意見を聞いてみようとか、冷静に考える。」

ここには、《友だちに縋る》のではなく、《解決方法を選ぶ》という〈以前とは違う〉A氏の姿がある。その背景には、意見や助言を検討する現実検討力に加え、A氏と相談相手との基本的信頼感がみてとれる。

ところでA氏はインタビューの3回目と4回目の間に、〈子どもの友だち〉が〈DVのキレ方〉をするのを見て夫を思い出し、「もうドキドキドキドキして、汗も出てくるし」と、恐怖を感じ、以下のように語った。

「今が幸せと思って何年か暮らしてきているから、いけるって思っていたけど、ああ、やっぱり無理だと思って。」

A氏は転居後しばらく、殺人など暴力に関連するニュースを見ると、被害者と自分を重ね、恐怖で落ち着かなくなり、時には〈市役所に夫の追跡を確かめる〉こともあったという。しかし次第に、ニュースを見ても〈動じなくなる〉自分を感じ、《DVを抜けたと思っていた》。それだけに、〈たかが子ども〉の言動で《フラッシュ・バックする》自分に動揺し、〈幸せ〉が続くことは〈やっぱり無理〉と考えたという。

一方でA氏は〈思い出そうとは思わない〉が、〈ふとした時に思い出す〉ことは〈きっとみんなある〉と考え、「私はまだましだと思う」とも語った。その根拠に〈サポートしてもらったから今がある〉ことを挙げている。ところでA氏は、〈子どもの友だち〉の対応を学校に相談した。そしてその子の家庭環境がよくないことを知り、暴力が子どもや親子関係に及ぼす影響を考え、自身が「(家を出たのが) 赤ちゃんの時でよかった」と振り返った。

5-3 【この家族がいい】、【父親と心の距離を置く】そして【子どもにとったら父親だから】

A氏は、【(原) 家族への思いを切る】ことで、父親に理解や援助を期待することはなくなったが、父親は年に1回ほど顔を見せていた。父親を前にするとA氏は〈怒鳴り散らされるかも〉と〈手が震える〉ほどの恐怖を感じる一方で、「何にも分かっていない人に私を否定されたくない」とも考えている。父親に対し《否定的な気持ちを抱く》A氏であったが、子どものことは〈かわいがってくれる〉ため、《祖父として割り切る》ようにし、【父親と心の距離を置く】ことで対応している。

A氏は、「他の子は正月に誰々からお年玉もらったとか (言うけれど)、そういう状況じゃないって (子どもは) 分かっているから」と語りながらも、〈他の家庭とは異なる状況〉にいる子どもに対し、〈気を遣っているのかも〉という思いもあった。とはいえ、A氏の親に〈おじいちゃん・おばあちゃん〉らしさを望むことはできず、子どもに〈諦める〉よう諭したという。

「この家族の仲がよかったらいいっていう話、空気ができたから、別にどうってことはないけど」

A氏は自分と子ども2人の〈3人の仲が良かったらいい〉と考えている。加えて、父親もいない〈家庭の事情〉を「普通に3人で話せるから、大丈夫かなって思う」と語った。A氏は《うちは3人で家族》であり、一人が困ったら〈どうしたのか話を聴く〉、〈力を貸す〉、〈見守る〉など解決策を探り、《一致団結できる》ことが強みであると子どもに説いている。さらに、「子どもには自信をもたせる、ほめる、認めてあげるってこともできてきている」ことに加え、〈子どもが大好き〉と〈人前で言える〉ことに、「ああ、すごく変わったな」と、《母親としての変化》を感じると語った。また、自分と同じ苦しみを与えないよう、子どもが経済的自立と〈自分を持つ〉ことができるよう意識しているという。

ところで、子どもは成長するに従い、父親に関心を持つようになった。A氏は家を出る際、夫と子どもが遊ぶ姿が映っているDVDを持ち出しており、子どもにねだられDVDを見せたり、父親に関する質問に答えたりしている。インタビューの中でも、【子どもにとったら父親だから】と、子どもと父親に関しては繰り返し語られた。

「暴力のことを完全じゃないかもしれないけど、覚えていないから、〈家を出たのが〉小さい時でよかったなって。」

A氏は、子どもが4、5歳や〈今の年齢〉で家を出ていれば、暴力が「分かる」ため〈傷つく〉ことや、転校などで〈親を恨む〉ことがあったかもしれないと考え、父親に興味を持つ子どもに《暴力を覚えていなくてよかった》と安堵している。そして、子どもはDVDを見て「『〈父親は〉こんな顔だったんだ』って言って」はしゃぐが、A氏自身はDVを忘れることはないため、DVDを見せることは〈鳥肌が立つ〉くらい嫌だという。しかし、A氏は子どもが〈父親に憧れる気持ちは分かる〉上に、〈男性像・父親像はあるだろう〉と考え、子どもの《父親への思いを受けとめる》ようにしてきた。

ところが最近、《父親像を庇ってきた自分の努力に腹が立つ》のだという。A氏は子どもに〈悪い父親と思わせたらだめだ〉と考え、〈子どもには優しかった〉〈暴力は振るっていない〉と言ってきた。そのせいか、子どもはDVが離婚原因と知っているにもかかわらず、〈父親への強い憧れ〉を抱くようになった。子どもが自分の父親を知りたくなることは当然であり、子どもも複雑な思いを抱えているのであろう。いずれ、子どもは父親に会いに行くかもしれず、A氏は〈全てを知っても会いたいなら会っていい〉と考えている。子どもはDVについて〈細かく知りたがる〉が、〈大人の事情〉であり、〈辛くなるかも〉と考え、《まだ全てを話せない》と親としての役割を自覚的に意識している。

このように、子どもの成長に伴い、父親の存在は多かれ少なかれ、家族関係に影響することが予測される。A氏の場合、子どもに父親やDVをどのように伝えていくかという課題が具体的な形となって生じている。しかし、これらの回復と生活再建のプロセスを経て、A氏にはそれらを解決していく力がついていると筆者は考えている。

第4章　B氏のケース：「一歩踏み出そう」

本章では、家族規範による呪縛の中で生きてきたB氏が経済的暴力に遭い、その自覚のないままDV被害者となり、生活を立て直すまでの困難を本人の視点を軸に分析を試みる。

インタビュー調査では、シェルター（Z施設）を出た後、生活保護を辞退し、校区内で転居するという目標を達成した現在に至るまでの期間について尋ねている。しかし、B氏はシェルターに一時保護となる以前の生活、及びシェルターでの生活についても語っている。その内容は、B氏のシェルター退所後の困難と切り離せるものではなく、より深くB氏の困難を理解するために必要であると判断し、分析の対象とした。

B氏の結婚生活は約10年であるが、夫から経済的暴力を受け、Z施設での一時保護を経て、W市へ転居後生活保護を受けてから辞退に至るまでの過程を、B氏の体験を軸に4つの期間をそれぞれ節に分けて記述する。全4節は、第1節の一時保護に至るまでの【規範の呪縛（に生きる）】の期間、第2節のシェルター入所中の【DV被害者となる】期間（1カ月）、第3節のシェルター退所後、生活保護を受給していた【世間に怯える】期間（2年）、そして第4節の生活保護を辞退し、再度転居した後からインタビュー調査までの【過去との対話‐現在と未来を見据える】期間（1年）で構成される。

なお、B氏のおかれた状況を理解し、生活再建の過程で直面する困難やそれらが生活再建を阻む様相、そして支援を交えた対処法を明らかにするという本研究の目的に迫るため、先行研究や調査報告を引用しながら説明を行う。

B氏の生活再建に至るまでの過程における困難の様相については、次の概念図で示す（図2）。上段の矢印「規範の呪縛に生きる」から「過去との対話‐現在と未来を見据える」は再建の推移を示し、第1節から第4節で説明する。□はカテゴリー、矢印（⇒、⇔）はカテゴリー間の影響、及び拮抗・葛藤関係、◯はインタビュー時点でのB氏の到達点を示す。以下に図2に沿って概要を説明する。

B氏のケースの全体像

B氏の語りからは、結婚し、家庭をつくり、家族を守るという規範を支えに、懸命に妻とし

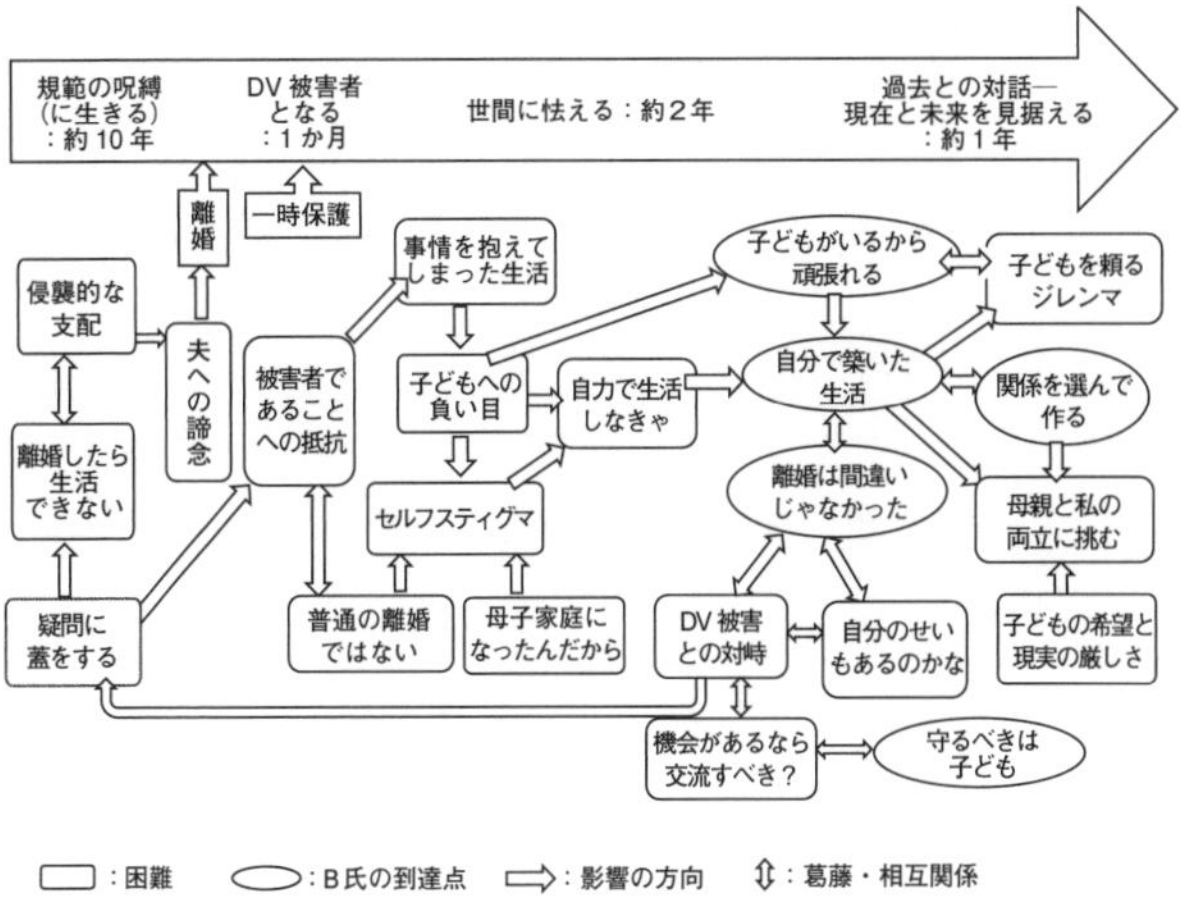

図2　B氏の生活再建の過程における困難の関連図

ての使命を果たそうと奮闘していた姿が浮かび上がる。家庭をつくり守るという規範はB氏の信念とも解釈できる。

【規範の呪縛（に生きる）】10年の間、徐々に夫の【侵襲的な支配】が始まった。経済的暴力は家計を圧迫するが、B氏が標準と信じる家族の形態や関係を維持するためには、夫に対する【疑問に蓋をする】必要があった。その背景には《離婚したら生活できない》と考えるB氏のジェンダー観が見て取れる。しかしB氏は、繰り返される夫の金銭トラブルに【夫への諦念】を抱き、妻役割から降り、離婚に至った。復縁を迫る夫の対応に苦慮したB氏は一時保護され【DV被害者となる】が、【被害者であることへの抵抗】が語られるように、自身が受けている被害をDVと認識していなかった。しかし福祉の支援を受けなければ、自立した生活の展望が見出せない。B氏は〈普通の離婚ではない〉〈母子家庭になったんだから〉と【子どもへの負い目】と【セルフスティグマ】を抱えながら【事情を抱えてしまった生活】をスタートさせたのである。

そして【世間に怯える】2年は、母子家庭で生活保護を受給するという【セルフスティグマ】が加わり、近所や学校、職場など身近な周辺から自分たち親子がどのようにみられているか、自身が作る社会の眼との闘いであった。B氏は【子どもへの負い目】を原動力として、【子どもがいるから頑張れる】と就労し、やがて生活保護を辞退し、校区内で転居を果たし【自分で築いた生活】に至っている。

インタビュー時、B氏は【過去との対話−現在と未来を見据える】内省の渦中にあった。【DV被害との対峙】は、被害者が未来に向けて進むとき、避けて通れない過程の一つである。B氏は自立の過程で、《離婚は間違いじゃなかった》と確信しつつも、【疑問に蓋をする】事実と向き合うこととなり、《自分のせいもあるのかな》という思いに帰結し、ここからさらにB氏は、子どもと父親は〈機会があるなら交流すべき?〉と自身が抱く親子像を逡巡するが、〈守るべきは子ども〉と結論づけるに至っている。そして【子どもを頼るジレンマ】を抱えながら

【自分で築いた生活】を発展させるために転職を考え、【〝母親〟と〝私〟の両立に挑む】こととなった。この背景には【関係を選んで作る】ことで安定した生活を得られたことと【子どもの希望と現実の厳しさ】があった。

第1節　規範の呪縛（に生きる）

本節では、B氏が一時保護に至るまでの生活についてみていく。夫の経済的暴力はB氏に被害の自覚を持たせないまま始まった。そして家族規範に縛られたB氏は【侵襲的な支配】に対し、【疑問に蓋をする】ことで家族を維持しようと奮闘した（第1項）。しかし、B氏は夫との家族観の齟齬から【夫への諦念】が生じ、【夫を断ち切る】ことで自身と子どもの生活を守ろうした（第2項）。

1-1　【侵襲的な支配】と【疑問に蓋をする】

B氏の夫は正社員で働いていたものの、ギャンブル好きで投じる金額も大きかったという。ギャンブルによる負債の支払いのためにB氏は自分名義の〈（キャッシング用の）カードを作らされる〉のであるが、夫は、『一緒に返していこう』と、あたかもB氏の作った借金を助けるかのような表現を用いて、B氏名義のカードで借入れてはギャンブルに使い込むという、借入れと返済のサイクルを繰り返した。そのため、夫婦は共働きであるにもかかわらず〈返済が家計を圧迫する〉ようになり、《常に借金のある生活》となっていた。そんな中でも子どもを連れて〈お金がなくても公園で遊ぶ〉など、生活に楽しみを見つけていたB氏は、《ギャンブル中心の生活》にあっても危機感は薄かった。

「競馬するのもお前らのためっていうかね、『お金が増えたら何か買ってあげられるだろ』って。」

夫はギャンブルで勝った時には、旅行や外食といった〈おいしいこと〉を用意しており、〈ギャンブルの正当性を主張する〉日々を送っていた。B氏はそんな夫の《口車に乗ってしまう》こともあり、〈計画的に貯金できない〉上に、生活やイベントは〈ギャンブルの結果次第〉であっても、《ギャンブル中心の生活》に目を瞑らざるを得なかったという。夫の《口車に乗ってしまう》B氏にあっては、経済的暴力の渦中にあると認識することは困難であったといえよう。

【侵襲的な支配】は《ギャンブル中心の生活》の中で共依存ともいえる関係から始まり、《常に借金のある生活》の中で、B氏の自覚のないまま支配-被支配関係に転じ、深まっていった。そんな中、夫は、『お前らがこれから困らないために』と、独立を目指し副業を始めたが、B氏がそのことを尋ねると、〈大丈夫だ〉〈信用していないのか〉とB氏を責め疑問を封じたという。夫の言葉から、それ以上〈触れてはいけない〉と感じたB氏は何も言えなくなり、「自分の中でも、騙しだまし。大丈夫、大丈夫」と、不安を押し込めながら、夫に従わざるを得なくなっていった。このような夫の言動は、B氏に原因があるように仕向け、質問を許さず、借入れをさせるなど、B氏を意のままに操る受動的攻撃といえる。受動的攻撃とは、不安を煽ったり、罪悪感や居心地の悪さを生じさせたりするなど感情を揺さぶり、人を操る方法である（NPO法人レジリエンス 2008）。

そして、家計は〈自転車操業〉に陥るも、B氏は、「聞いてはいけない、触れたらいけない、見て見ぬふりをしなければいけない」など〈疑問を持ってはいけない〉と夫への禁忌事項を強め、《騙しだましやり過ごす》のであった。

「安定した生活を送るためって、それが根本的に自分の中であったから、おかしいなと思ってもつっ込めなかったりとか。」

B氏は〈安定した生活のため〉と考え、夫の言う通りにカードでの借入れを続けた。このような理不尽な事態に陥りながらも、合理化し納得しようとする状態は、〃いじめ〃の被害者においてもみられることである（中井 2018）。B氏が夫の要求を断ると、夫は、「『（借入れを）断っているお前が悪い、おかしいだろ』っていう感じ」で本人を責めたという。B氏は夫から《圧を感じる》ため、〈機嫌を損ねるかも〉と考えると〈逆らえなくなる〉と語っている。

「ちょっとおかしいなと思っても、それができない自分が悪いんだとか。お金とかでも、工面しない自分が悪いのかなとか。」

B氏は、次第に〈自分が悪いからこうなっている〉と考えるようになった。加えて、夫は、いわゆる〃振り込め詐欺〃の手法でもって、夫自身がまるで窮地に陥ったように振舞い、B氏は〈お金を引き出される〉こともあったという。B氏はお金の工面をしてもしなくても、《自責感が募る》ダブルバインドの被支配関係に置かれていた。

【疑問に蓋をする】とは、夫から《圧を感じる》、《自責感が募る》という中で、生活が立ち行かなくなる不安を《騙しだましやり過ごす》ための方策である。その背景には、B氏の《離婚したら生活できない》というジェンダーバイアスが見て取れる。

既にB氏は夫から〈生活費がもらえない〉ため、B氏のパートの賃金で家計をやりくりしていた。にもかかわらず、B氏は「だんなさんに食べさせてもらっているというか、だんなさんがあって、ここの生活がある」と思い、《離婚したら生活できない》と考えていたという。〈夫あっての生活〉という背景には、〝経済的扶養の担い手としての男性〟と〝ケアの担い手としての女性〟というジェンダー観（湯澤 2007）をB氏が取り込んでいたことが窺える。B氏は〈(夫と子どもと) 4人の生活〉を守ることが妻の役割であるという考えに支配されていたため、自分自身を正当に評価できず、また、夫の行為が経済的暴力であるという認識も持ちえなかったのであろう。加えて、離婚を恐れる理由に〈子どもをとられる〉心配をあげている。ここには親権を夫と争うという選択肢はなく、夫の意のままに操られるB氏の姿がみられる。つまりB氏は夫からの経済的暴力による支配に加え、自身が認識する女性像、妻像にも縛られていたと推察される。

1-2 【夫への諦念】と【夫を断ち切る】

B氏は夫から〈立て続け〉にお金を要求され、その金額も大きくなった。一方で夫はいわゆる〈闇金〉の借金取りから、B氏と子どもも狙われていると脅したという。

「あの時は本当に刺されるかもとか、だんなじゃなく、だんなにお金を貸した人が恨みを持ってくるんじゃないかなとか、そっちがすごく不安だったんです。」

B氏は《恐怖と不安に曝される》ことで夫にコントロールされていた。但し、B氏の恐怖の対象は夫ではなく夫の債権者であるため、このような事態を招いた夫の責任は見過ごされている。さらに夫は、その借金は〈生活費〉としての〈お前らのための借金〉なのだから、〈お前らで何とかしてくれ〉と主張し、B氏が渋ると夫は〈一緒に逃げてくれ〉と迫ってきた。

「それだけ追い詰められている人を見て、何もしないのはいけないのかなって気になって、用立てたんですよね。親戚にお願いして。」

B氏は〈子どもを巻き込めない〉と考え、また、〈追いつめられている夫〉に罪悪感を抱き金銭を《工面してしまう》。一般的には、このように夫を援助する行為は、共依存によるイネーブリングと解される。しかし、フェミニストカウンセリングでは、共依存とすることはDV加害者の罪や責任を免除することになりかねないため、女性のイネーブリング行動は「過剰責任行動」と解される（友杉 2010）。背景には、他者の情緒面の要求を満足させるよう女性が社会化されているというジェンダーの問題が指摘されている（Nutt 1999 鶴訳 2011）。

次第にB氏は離婚を考えるが、《離婚して生活できるのか？》と不安を抱いていた。というのも、当時のB氏は〈パート収入のみ〉で〈貯金なし〉、離婚となれば〈子どもの環境を変える〉ことにもなるからである。そんな中、B氏は夫に〈借金取りが来る〉から〈逃げろ〉と言われ、子どもを連れて自身の〈実家に飛び出した〉。その際、夫がB氏の友人や親戚にも借金をしているなど〈うさん臭いこと〉が判明し、B氏は離婚を決意したのであるが、《ギリギリまで離婚を迷う》理由を次のように語った。

「この人はもうだめな人なんだって思う気持ちと、子どもからしたら、遊んでくれる、いい時と悪い時とあるけど、基本は好きなパパだし。その（離婚の）決断を私が限界だから、嫌だからで、決断していいのかなって。」

夫の身勝手な借金を知ったB氏は、〈もうだめな人〉と見切りをつけようとした。子どもにとっては〈好きなパパ〉であるが、子どもと自身の生活を守るためには離婚を決意せざるを得なかった。【夫への諦念】は、B氏が家庭内での自分の役割を妻から母親へとシフトさせたことを意味する。離婚について〈私が決断していいのかな〉という主体性の低さには、依存的解決志向性がみられるが、その背景には家族を維持すべき母親としての責任を放棄することへの迷いも窺える。B氏は〈離婚への迷い〉があり、また、〈子どもが傷つく〉ことを懸念し、子どもに「学校変わるの嫌?」など、《探り探り、離婚を伝える》のだった。

実家に戻った時点でB氏は、「もう見切りをつけてしまって、もう別れる、もう（離婚）届出そうと思って」と、夫と共に離婚届を提出しに行った。その際、B氏は親族に頼み込んで準備した〈最後の最後のお金〉を夫に渡した。すると夫は〈軽く流す〉ように礼を言うと、〈戻ってきたらいい〉と続けたという。B氏が借金を重ねてきた理由は〈（家族）4人の生活〉を守るためである。しかし、〈借金の穴埋め〉さえできればいいという夫の態度には、家族を思う気持ちは見えず、夫が自分と全く異なる考えであったことに気づいた。この点についてB氏は

「離れることによって」見えたと語っている。この夫の態度が夫との関係修復は不可能だと確信する〝決定的底打ち実感（増井 2011）〟をもたらしたといえる。

「『だからもっと早くに別れておけばよかった』って、（親に）散々いわれて。きょうだいにも迷惑かけているし、お金も一銭もなかったし、ここで戻ったらもうだめかも知れないって。」

離婚後も、夫は〈逆ギレ〉や〈歯が痛い〉〈おにぎりだけでも〉など〈理由をつけて会いたがる〉のであるが、B氏は「もう無理、無理、無理、無理」と、〈必死に断り〉続けていた。B氏自身が〈実家に世話になる〉身であり〈きょうだいに迷惑をかけている〉こと、加えて、〈最悪の事態〉の想像が防御壁となり、《ここで戻ったらだめだ》という思いが強化された。〈最悪の事態〉とは、〈借金を作らされる〉という自覚のないまま借金をしてしまう、つまりは、〈（夫の）思い通りに持っていかれる〉という現状の繰り返しをいう。

【夫を断ち切る】ものの、夫からの〈電話・メール攻撃〉は続いており、パート就労は継続していたが、B氏は次第に〈食事が喉を通らない〉〈眠れない〉状態になり、〈子どもの世話〉

は親の手を借りるようになった。

そして、〈常識が通じない夫〉に手を焼いたB氏と親は、市役所に夫への対応策について相談に行った。市役所では、市民課、子育て支援課、市の配偶者暴力相談支援センター（DVC）を紹介されるも、〈常識的な回答〉や〈夫に通用しないアドバイス〉しか得られず、「直接的な危害を加えられたわけではないので、（援助は）無理ですって言われて」と、解決策は得られなかったという。現行制度では経済的暴力やB氏への〈電話・メール攻撃〉の内容ではDV防止法の暴力の定義には該当せず、行政機関としては〈弁護士相談〉の案内が限界であったのだろう。他方、B氏は《危害がないとだめなのかな》と、〈分かってもらえない感じ〉や〈理解してもらう難しさ〉を感じていた。また、知り合いから〈シェルター〉があると聞き、《シェルターの情報を集める》が、ネットでの〈色んな書き込み〉を見て怖さを感じ、具体的に相談することはなかった。この間、夫はB氏の友人にも接触していた。B氏は自分が〈相談したから〉、友人にも〈怖い思いをさせた〉と〈自分を責める〉ようになり、《友人を巻き込んだ罪悪感》に苛まれ、友人と距離を置いている。

そんな中、夫から命に関わる脅迫があり、再度、市のDVCに相談したところ、DV防止法の精神的暴力に該当し、DVであると言われ、DVCの勧めで子どもと共に一時保護に至った。

第2節　DV被害者となる

B氏は公的な相談機関に対応を相談していたが、DVという認識はなく、一時保護は「全く計算外」であった。そのため、【被害者であることへの抵抗】を感じているが、約1か月後のシェルター退所時には、【DV被害者として突き放される】不安が生じている。

2-1　【被害者であることへの抵抗】と【DV被害者として突き放される】

B氏は子どもと共に一時保護となったが、夫から〈実家への電話攻撃〉は続いており、《何かあったらどうしよう》と実家に対し罪悪感を抱いていた。また、B氏はZ施設内で〈怪我をしている人〉や〈痣のある人〉を目にし、〈すごいところに来てしまった〉と思うと同時に、〈ここにいていいのかな〉と戸惑いを感じたという。

「暴力とか受けてないから、暴力とか受けている人たちと、何かちょっと違う。違うっていうか、どうなんだろう。」

Ｂ氏にはＤＶ被害者であるという認識はなく、公的機関も夫が脅迫するまでは、Ｂ氏をＤＶ被害者として対応していなかった。そのため、身体的には無傷のＢ氏は、被害者であるいう認識が追いつかず、ＤＶ被害者の中に紛れ込んでしまったような《何かちょっと違う》という違和感を抱いたのであろう。《何かちょっと違う》という背景には、〈暴力を受けている人〉と比して、自身の被害や夫はそこまで酷くないのではないかという戸惑いや【ＤＶ被害者となることへの抵抗が窺われる。

ＤＶ被害者であるという自己の再定義は、責任は加害者にあると明確にし、自責感などのＤＶの影響から自分自身を守るために重要である（信田 2012）。しかし、【ＤＶ被害者となる】ことは、自分が結婚した夫を加害者にすることになる。ナット（1999 鶴訳 2011）は、男性との関係でアイデンティティを規定してきた女性にとって、離別はアイデンティティの喪失の危機となり得ると論じている。夫婦関係からＤＶの被害者-加害者関係へのパラダイムの転換も同様のことがいえ、Ｂ氏は自身のアイデンティティを守るために、【被害者であることへの抵抗】が生じたとも考えられる。

「実家で部屋を1つもらって、そこからスタートしよう」と考えていたＢ氏は、《計算外の一時保護》に戸惑いながら、婦人相談所のケースワーカーと面接を重ね、ケースワーカーから母子生活支援施設か自費で住宅を構えるか選択肢が提示された。母子生活支援施設の場合、住宅の初期費用が不要であり、B氏の手持ちの給料を基に新たに生活を始められる利点がある。一方、緊急の転居についてでは、子どもの学校や地域の情報を得ることの難しさや金銭的な問題から物件を選べず、再度転居を余儀なくされる状況が報告されている（葛西 2008）。B氏の場合も諸事情により物件が限られる上に、転居先で生活保護を申請するとしても、受給決定までの間、困窮することは目に見えていた。しかし、B氏は自費での住宅設定を選んだ。

「3人でゆっくり暮らしたいって、実家に戻ってもきょうだいの顔色を窺い、親の顔色を窺いっていう生活をしていたから。そっちを選びたいなって。」

B氏は、実家でも〈顔色を窺う生活〉が続き、シェルターでの〈制限のある生活〉にも窮屈さを感じていた。そんな《顔色を窺う生活から脱したい》という選択を後押ししたのは、「『自立できる人だよ』って言ってくれた」ケースワーカーの一言であったという。夫との関係で疲労困憊し、自己肯定感が低下していたB氏であったが、ケースワーカーからの〈自立できる人〉という言葉に自信と希望を見出した。DV被害女性においては、支援者と当事者の相互作用で創出される〝自己決定〟のプロセスが生きる力をつける重要な支援である（桑島 2012）。B氏はケースワーカーにエンパワメントされ、今後の生活を〈選びたい〉と主体性をもって決定した。「一時保護されたことは、私には必要だったと思います」と語るように、B氏は〝自己決定〟する体験に一時保護の意味を見出している。

ところで、住宅を借りたことによりB氏の所持金は殆どなくなったが、借金を重ねていたため親族からの支援は望めなかった。家財道具も土地勘も知り合いもない、〈普通の引越しではない〉B氏の状況を鑑み、ケースワーカーは社会福祉協議会（以下、社協と記す）と転居先のW市の生活保護課に繋いだ。そして、社協は生活保護申請時の同行支援と実家に置いてある荷物の搬送を担い、また、Z施設の担当職員はW市の生活保護担当者等と連絡調整を行い、各種手続きの段取りなど〈手続きの事前情報〉をB氏に提供している。しかしB氏は、「何か退所すると同時に、はい（終わり）っていう感じ、次の土地で頑張ってくださいっていう感じ」と、【DV被害者として突き放される】感覚であったという。DV被害者として支援体制の中で新たな生活への見通しは立ったが、《退所と同時に突き放される》孤独感が生じていた。

第3節　世間に怯える

次に、B氏が「一番、辛かったし、苦しかった」と語ったシェルター退所直後から、W市で生活保護を辞退し、自身で新たに家を借りるまでの2年間についてみていく。B氏は【子どもへの負い目】を背負いながら（第1項）、【事情を抱えてしまった生活】をスタートさせた（第2項）。母子家庭となり生活保護を受給する【セルフスティグマ】を抱えるB氏は（第3項）、〈周りの目〉に怯えながらも経済的自立へと向かった。

3-1　【子どもへの負い目】

新生活は、「全く知らないところだし、何をどうしていいのかも分からず」、不安を抱えて始まった。さらに、〈お金がない〉ために選択する余地がなかった住宅は、「（壁に）ひび割れがあったし、カビも生えていたし、畳もベコベコだったし」、「水道が壊れていて、劣化していて、水がプシューって」吹き出すなど傷みが激しく、「まずは住めるようにする」ことが必要であったという。

「ボロボロの家を（子どもに）見せなきゃいけないっていう状況がすごくつらかったし、自分の中でもすごく嫌だったから、そこからはとりあえず出たい。それ目標。」

〈ボロボロの家〉と元々暮らしていた〈それなりのマンション〉との落差は大きく、B氏は、〈子どもに申し訳ない〉と罪悪感に苛まれた。転居直後はテレビもなく、段ボールをテーブルにし、〈1日1日をコンビニで凌ぐ〉生活であり、《生活の落差に途方に暮れる》毎日であった。その後、社協が実家から荷物を運び入れ、徐々に生活状況は改善していくも、B氏にとっては、〈ボロボロの家〉で暮らすことが、母親としての情けなさを感じる一因となっており、子どもが〈友だちに来てもらえる家〉に引っ越しすること、つまり、人並みにすることが〈目標〉に掲げられた。

「あの子らに、何かそういう普通では味わわない経験をさせてしまっているでしょ。」

転居当初、〈上の子〉は一時保護や母子家庭であることを周囲に知られることを拒み、家族内であっても〈触れてほしくない〉様子が見られたという。B氏は子どもの反応は当然と受け止めつつ《特殊な経験をさせてしまった》と負い目を感じていた。〈普通ではない経験〉には、転校前の〈友だちに手紙を書けない〉〈連絡できない・会えない〉ことも含まれる。そんな中、B氏は子どもの誕生日には〈ファミレスに行きたい〉、クリスマスには〈おもちゃ屋に行きたい〉など恒例の〈イベントを継続する〉よう奮闘している。〈普通ではない経験〉が続く中、従来通りにイベントを行うことは、日常生活を取り戻すためにも有効であろう。

しかしながら転居直後のB氏は〈疲労困憊の状態〉であり、生活保護を申請するも受給決定には時間がかかり、〈金銭面の不安〉や〈精神的な苦しさ〉が増悪した。そして、夫との生活から続く《蓄積された苦しさ》は、〈食べられない〉〈眠れない〉〈息をするのも辛い〉など限界に達し、転居して約2週間後、〈心中を考える〉ほど追いつめられたB氏は、自らZ施設に電話をし、助けを求めた。

連絡を受けたZ施設は婦人相談所に連絡し、ケースワーカーが中心となり、Z施設によるアフターケア、子育て支援課、社協による見守り態勢と関係機関の連携が強化された。具体的には、社協担当者からB氏への定期的な電話と家庭訪問、子育て支援課からの一時保育等の情報提供、アフターケア担当の筆者による家庭訪問、及びB母子の様子を子育て支援課と共有し、見守ることである。

3−2 【事情を抱えてしまった生活】

B氏の新生活のスタートは〈どうしていいか分からない〉ことの連続であったという。B氏は社協や〈民生委員〉[9]の援助を得て、生活環境を整えたが、当時の状況を「安全だけど、そう、安心とは違う」と振り返っている。

「知らない土地で、知らない……。この私たちを知っているのは、私たちしかいないじゃないですか。知ってくれている人が誰もいないから。」

B氏は結婚後も生まれ育った〈地元を拠点に生活〉していた。〈地元〉に根付いた〈今までの生活〉では、B氏には〈誰かしらのつながり〉があり、〈子育て〉を通した〈お母さん友だち〉がおり、「買い物に行ったら顔を合わせて、『こんにちは』っていう生活」があった。〈地元〉から離れた〈知らない土地〉は、夫から身を守る点では安全である。しかし、人とのつながりを土台としたコミュニティを喪失し、孤立した状態にあっては、〈安心じゃない〉と感じるのは当然であろう。加えて、夫に転居先を〈知られてはいけない〉ため、B氏は〈地元〉の友人とのつながりを断たざるを得なかった。《誰にも知られていない・知られてはいけない》という状況で、〈地元〉にも転居先にも所属感や居場所が得られず、自分たち親子の存在が〈知らない土地〉で取りこぼされるような孤独感や心細さを抱いたとしても不思議はない。

B氏は「孤独ではないじゃないですか、帰ると」と語りながらも、「帰りたいって意味がちょっと違うっていうかな」と逡巡した。〈帰りたい〉とは夫との復縁を望むのではなく、〈誰かしらのつながり〉がある〈地元〉に〈帰りたい〉、つまりは〈孤独から逃れたい〉と解釈する。一方で、B氏の転居先は昔から住んでいる人が多く、B氏は《よくも悪くも目立つよそ者感》も感じていた。

「もともとここに来たのも、他の人らからしたら不思議なことでしょ。身内も誰もいないところに来ているっていうのも。（略）何か、ちょっと事情を抱えてしまったっていうのが、ちょっと……。」

転居先の〈周りの人〉にとってみれば、〈身内も誰もいない〉ところに引っ越ししてきたB

氏は〈不思議な存在〉である。〈見守りのような、監視のような〉視線は、B氏に自分たち親子がどのように見られているかを意識させ、転居地にどのように参入し、どのように位置づけるか課題を与えた。

3-3【セルフスティグマ】

B氏は転居後すぐに生活保護の申請を行った。B氏の状況はケースワーカーからW市の生活保護担当者に引き継がれていたが、B氏が語るところによると、「事情を説明しても、ちょっとあんまり分かってもらえない感じ」であったため、生活保護の受給決定が下りるかどうか不安が募ったという。

生活保護担当者に〈分かってもらえない〉と感じた理由についてB氏は、〈身体的暴力ではない〉ために、〈普通の離婚ではない〉ことが〈理解されにくい〉のではないかと振り返った。あるいは、B氏自身がDV被害者であると認識していないため、B氏のDVへの認識が生活保護担当者に投影された可能性も否めない。B氏は生活保護申請時の《伝わらない辛さ》について以下のように語った。

「何か、皆、やっていることができてないって言われているような。お尻を叩かれているというか。何ていうんですかね。やっぱり、(被害に)遭った人にしか分からないし。」

〈お尻を叩かれる〉ように感じた背景には、〈母子家庭になったんだから〉〈ちゃんと仕事をして自立して〉などの言葉があった。「皆、やっていること」、すなわち、就労して生活保護を受給せずに生活することはB氏自身が望んでいることである。しかし、現状を〈分かってもらえない〉と感じたB氏は、担当者の言葉に焦りや重圧を感じつつ、〈被害に遭った人にしか分からない〉と反発も覚えている。一方で、〈心の回復が追いつかない〉ため、担当者の言葉を〈聞き流せない〉まま考え込み、〈余計に辛くなる〉状態に陥った。

結果として生活保護は決定し、受給により〈経済的な余裕〉はできたが、《受給の葛藤》が始まった。

「周りの目と自分が今まで思っていた生活保護に対する何か、色んなニュースを見たりとか、あるじゃないですか。」

当時、生活保護受給者へのバッシング報道があり、B氏自身も生活保護の受給を〈恥ずかしいこと〉と思っていたという。そのため、受給せざるを得ない自分と自身が持つ〈生活保護に対する偏見〉との間で葛藤が生じている。

加えて、B氏は受給を知られることで〈子どもへの目線〉が厳しくなることや子どもが〈苛められる〉ことを懸念し、《生活保護と知られたらどうしよう》と心配し、学校の保護者に出会うかもしれない病院には「行きにくかった」という。B氏は生活保護申請時の担当者の対応や病院の受診時に受付けが〈対応に困る〉様子、民生委員の〈ちょっとした言葉〉、子どもが〈学校から受け取る封筒〉など、生活の端々に恥かしさと負い目を感じ、【セルフスティグマ】が強化されていた。生活保護は重要な社会資源の1つである。しかし、B氏は《生活を見られているような息苦しさ》を感じ、たまの御馳走や買い物にも気を遣い、子どもの塾や習い事なども躊躇した。

しばらくして、子育て支援課は就労に向けた資格の情報提供を行ったが、B氏は自身で仕事を探し、短時間からパートを開始した。〈働いてほっとする〉も生活保護は継続しており、社会保険や年末調整が話題になる度に、〈やばい、どうしよう〉と〈苦しさは変わらない〉ままであったという。また、子どもの受診時に〈医療券〉を巡るトラブルがあり、B氏は一層、生活保護から〈早く抜けなければ〉、《自力で生活しなきゃ》と思いを強めていった。

経済的暴力はその後の生活に多大な影響を及ぼす。特定非営利活動法人いくの学園（2009）によると、被害者の約半数が相手との生活に関して何等かの借金を負い、離別後、約3割が生活保護を受給している。B氏のように自立の過程で生活保護を受給することは珍しいことではなく、国が定める基本方針においても自立を助長する資源の1つに挙げられている。一方で、その後の自立は当事者の持つ潜在能力（ケイパビリティ）に左右され、貧困などの困難についても自己責任を被せられる可能性が懸念されている（吉中 2017）。また、生活保護受給者には、生活保護の廃止を「自立」と見做す傾向があり、その背景に生活保護を権利の行使ではなく、〝恩恵〟への〝依存〟と解釈していることや〝貶価《へんか》のまなざし〟を受け、スティグマを付与された状態にあることが指摘されている（三宅 2017）。

B氏はパートを掛け持ちし、2つの就労を併せても生活保護受給額には満たなかったが、生活保護を辞退した。〈自分で稼いだお金で食べさせる〉ことを親の責任と考えていたB氏にとって、生活保護の辞退は自信の回復となったが、生活困窮が懸念された。なお、就労時に子育て支援課と社会福祉協議会による見守りは終了している。

第4節　過去との対話―現在と未来を見据える

この期間は、目標であった〈友だちに来てもらえる家〉への転居を果たしてからインタビュー時までの約1年である。校区内での転居は【自分で築いた生活】としてB氏に自信を与え（第1項）、【関係を選んで作る】ことは生活に安心感をもたらしている（第2項）。他方、B氏は夫との生活や関係を振り返るようになり、【DV被害との対峙】に取り組んでいた（第3項）。また、将来を見据えた時、転職は必須であり、【〝母親〟と〝私〟の両立に挑む】状態にある（第4項）。

4-1【自分で築いた生活】

インタビュー時、B氏は2ヵ所（途中から3ヵ所）のパートの掛け持ちと児童手当と児童扶養手当で生計を立てていた。〈自立しなきゃと悶々と思う時期〉を経て、目標を《1つ1つクリアする》ことで至った現在の状況について以下のように語った。

「今ここの生活は、自分で築きあげているものだから、人に与えられたのではなく、そこから自立して、悩んで、今のこの状態があるので、それはちょっと、自信はついてきたかな。」

〈人に与えられた〉〈生活〉とは、生活保護による生活を指し、また、ここでいう〈自立〉とは、生活保護の辞退という経済的自立に留まらない。すなわち、B氏が自分自身で選択できる状況を作り出し、生活の拠点となる家を選び直していること、子どもの期待に応えていること、それにより自信をつけ、セルフスティグマが払拭された状態にあることを意味する。さらに、不安と自信を〈行ったり来たり〉しながらも、「去年に比べて今年はこうなっている」と、〈状況の変化〉を肯定している。増井（2019）は、DV被害者が自分らしい暮らしや生き方を模索し、生活基盤を変えようとする行動を〝改めて、人生の舵を握り直す〟試みであると述べている。B氏も最初の転居時の〈スタートはここだけどここじゃない〉という決意から、《1つ1つクリアする》過程において、舵を握り直してきたといえよう。

そして、結婚生活と〈今ここの生活〉との変化について《計画できる楽しみ》を挙げている。B氏は「（子どもと）3人で楽しめることをしよう」と、〈100円玉貯金〉を始めたが、その用途を〈自分で決められる〉、〈予定を立てられる〉ことに、夫といたら「こういう生活もあり得ない」と、振り返った。

また、B氏は夫から、相談は〈恥ずかしいこと〉であると言われてきたため、困りごとを〈人に話してはいけない〉と考えていたが、社会資源の活用や〈人に聞く・話す・頼る〉という方法で「孤独だったし、寂しかったし、不安だった」時期を乗り越えてきた。例えば、アフターケアでは生活状況や職場の人間関係、転職、子どもの様子などについて話している。

B氏にとって【自分で築いた生活】とは、夫の《縛りからの解放》のみならず、目標を《1つ1つクリア》しながら、《自分がある》と自己の確立に手応えを感じる生活といえよう。

4-2 【関係を選んで作る】

B氏は転居当初の【事情を抱えてしまった生活】から3年を経た、現在の生活を以下のように語った。

「安心は、大分できてきたかな。何かあったら聞く人ができたし、お母さんつながりとかも少しは、連絡先を知っていたりとか、できてきているし。」

〈お母さんつながり〉は〈安心〉を得るために重要であるが、子どもが大きくなると学校は〈参観で行く程度〉となる。そのため、〈お母さんつながり〉を作るには、自分から動くことが求められる。また、B氏は挨拶をしたり立ち話をしたりするなど〈買い物で誰かに会う〉ことで、〈自分がここにいる〉、すなわち、《ここに馴染んできた》と感じるという。このような〈人とのつながり〉は、〈働かないと築けなかった〉ものであり、《仕事を通したつながり》は、〈お母さんつながり〉より〈濃い〉という。母子家庭は関係の貧困に陥りやすいことが懸念されているが（赤石 2014）、就労は自信の回復やつながりを得るためにも重要であるといえる。

このように転居先での〈人とのつながり〉はできてきたが〈前の暮らしの友だち〉と転居先の《お母さん友だちの繋がり》とは、〈何かちょっと違う〉という。その理由についてB氏は、〈子育ての頃〉の苦労を〈互いに知らない〉ためではないかと考えている。母子にとって大切な友人であると推察するが、夫の追跡等によって〈迷惑をかけてはいけない〉ため、《地元の友人と切れる》状態については、〈割り切ろう〉と決めたという。

ところで、〈お母さん友だち〉の中には、〈実家から離れたところ〉に暮らすB氏の〈事情を探る人〉もいた。

「今でも嫌だからね、こういうことがあって離婚したっていうのを言うのも。悪いお父さんの子どもみたいな風に、子ども達を見る目が変わったら嫌だなって。」

B氏は《子どもを過去から守る》必要性を感じ、〈学校関係の人〉には〈話してはいけない〉と、気を付けている。

一方、就労の手続きに際し、〈説明を要する状況〉があり、《職場でDVを開示する》ことを選択している。「最初はどんな目で見られるかなって、すごい気になった」が、殆どの人は〈大変だね〉という程度であったという。中には、子どもには〈どんな父親でも会わせるべき〉と、〈面会のリスク〉が分からず、〈面会を勧める人〉に〈傷つく〉こともあったが、《分かってもらえなくてもいい》と考えている。

4-3 【DV被害との対峙】

B氏は夫について〈今でもふと思う〉ことがあるという。それは2つに大別できる。1つは「そんなに悪い人ではなかったのかな」という思いである。そんな時は〈だめだったことを思い出す〉ことで《離婚は間違いじゃなかった》と再確認するのだという。もう1つは、《自分のせいもあるのかな》という疑問である。B氏は、「自分がもっと強かったら、あの状況もクリアできたのかな」など、〈自分が強かったら〉〈自分を貫くことができたら〉〈自分が甘やかしたから〉、夫の要求を〈撥ね退けられたら〉などと考えるのだという。

「自分がやっぱり悪いのかなって……。分かんないんですよ。何が怖かったのかが分からない。（略）何に怯えていたのかが。暴力を振るうわけでもないしね。」

〈何が怖かったのか分からない〉とは、自身の体験について客観視できるからこそ抱く疑問といえる。B氏の恐怖の対象は、生活状況を正確に把握できなかったこと、家庭を持つという社会的役割の喪失、離婚による日常生活の喪失、将来が見えないこと、そのような状況に自身のコントロールが及ばないこと等であったと考えられる。しかし、〈暴力を振るうわけではない〉という認識には、安心して生きる権利を奪われたという被害者の当事者性は感じられない。《自分のせいもあるのかな》という思いは、自身のした行為、しなかった、あるいはできなかった行為に対する子どもや親族、友人への罪悪感や後悔、そして引き受ける責任の範囲の難しさの表れであるといえよう。

B氏は夫に対し〈改心することはない〉と考え、〈見切りはついている〉。しかし、万が一、夫に会ったら〈言い包められる〉〈言葉で攻撃される〉〈太刀打ちできない〉と危惧し、《夫に対する恐怖と警戒》を感じていたという。一方で、近所の離婚した家庭が子どもと別居親が交流している様子を見て、〈機会があるなら交流すべき？〉と悩んでいる。

「〈夫と交流したら〉多分もうすっごいしっちゃかめっちゃかになりそうだから、避けたいです。うん、避けたいですね。もう会いたくないですね。」

〈しっちゃかめっちゃかになる〉とは、夫が子どもを巻き込み、〈あることないことを吹聴する〉〈被害者のように振る舞う〉などあらゆる手段で金銭を得ようとし、生活や子どもが〈混乱する〉という意味である。〈面会のリスク〉を鑑みたB氏は、〈会いたくない〉と結論づけた。トラウマ体験から得た教訓を人生に組み込むことは、今後も起こり得る危険に対して自らを守ることに繋がる（Herman 1992 中井訳 1999）。〈守るべきは子ども〉であり、《生活を壊されたくない》という思いは教訓となり、母親の責任を再確認する作業にも繋がっているといえよう。

ところで、転居した頃、〈上の子〉は〈離婚に触れてほしくない〉様子であった。しかし現在、子どもらは、父親との〈楽しかった話〉やスポーツ中継を見て〈テーブルを叩く・蹴る〉〈キレて物に当たる〉などの行為が怖かったこと、〈遊んでくれなかった〉愚痴などを話すという。《父親に対する子どもの冷静な目》には、父親との生活が過去のものになる中で、父親との心理的な距離が窺える。他方、〈機会があるなら交流すべき?〉と考えるB氏には、社会が求める離婚家族像に対する揺れが垣間見える。

4-4 【〝母親〟と〝私〟の両立に挑む】

夫との交流は望まないB氏であるが、〈一人〉で子どもを育てていくことの不安が解消されたわけではなく、遊びにきてくれる親戚に喜ぶ子どもを見て、自分は〈男親にはなれない〉と感じ、〈父親の存在は必要?〉と考えた。

「やっぱり、なんだか一人では。一生懸命、お父さん代わりとか、一緒にどこか遊びに行ったりとか、ふざけたりとかしているけど。所詮、やっぱり一人だから。」

〈所詮、やっぱり一人〉には、ひとり親であるが故の経済的不利をはじめとする様々な苦しさや限界がにじみ出ている。B氏は子どもの〈登校より先に出勤する〉ため、学校に〈送り出してほしい〉という子どもの希望を叶えられない。生活再建に追われることによる育児機能の低下が、子どもにとって母親の喪失体験となり得ることが指摘されているが（堀田 2005）、B氏も子どもに寂しさを〈乗り越えてほしい〉と願わざるを得ない現状がある。

《子どもの希望と現実の厳しさ》は経済面にも及んでいる。B氏は子どもの習い事や服装など〈それなりのことはできているはず〉と考えているが、〈子どもにねだられる〉こともあるという。時には、〈生活収支を話す〉が、子どもは〈ピンときていない〉ため、B氏は〈踏ん張っている〉にもかかわらず、〈仕事を増やす〉ことを検討しているのだと語った。ここでも、仕事を掛け持ちしても経済的にゆとりのない生活を強いられる背景には、男性を稼ぎ主と想定した雇用形態、及び生活保障システムがみられる（大沢 2015）。

加えて、B氏は〈心底話せる人がいない〉ため、職場のことや転職について〈子どもに聞いてもらう〉が、《子どもを頼ってしまうジレンマ》を感じるという。他方、子どもには〈私しかいない〉ため、〈甘えるところがない〉ことを懸念し、子どもの〈相談相手を作ってあげたい〉と考えている。

そして、B氏は《子どもがいるから頑張れる》と強調し、今後の目標は「子ども達がちゃんと学校に通えて、自分たちの道を見つけて、進んでいってもらえる環境にすること」だと語った。そのためには〈お金がいる〉〈貯金できるようにならなきゃ〉と、転職を考えていた。不安を抱えながらパートを開始したが〈なんとかなっている〉ことに対し、B氏は〈心配していただけ?〉〈職場環境がよかった?〉と考えつつ、〈頑張ればいけるかも〉と希望の職種への転職を考えている。

「今、やっと、2年かけて今の職場で頑張ってきて、（略）。人間関係もちょっと出来てきているし。でも、そこにこだわらずに、違うところに一歩踏み出そうかなって。」

転職しても〈親しい人との縁〉が〈切れるわけではない〉とB氏はいう。〈2年〉を経て、人間関係ができてきた安心感が《転職に踏み出す》促進要因となっている。離婚のダメージからの回復には、母親が「個」としての自分を作り直すこと、子どもが成長し世界を広げていくこと、そして将来への時間的展望がみえることは重要である（堀田 2005）。B氏は仕事を通し、自分を再評価し、母親としての自信を回復してきた。転職はさらにB氏自身と母子での生活を発展させるものと筆者は期待している。

第5章　本書のまとめ

本研究の目的は、①DV被害を受けた当事者（アフターケア利用者※）が生活再建の過程で直面した困難、及び困難が生活再建を阻む様相を明らかにし、②当事者が抱える困難と阻害要因に対する支援のあり方を検討することである。（※本章ではアフターケアについて検討を重ねるため、DV被害者に用いた当事者、被害者の表記に加え、アフターケア利用者を加え表記することとする。）

第3章と第4章では二人のアフターケア利用者が、一時保護を経て、新たに生活を築く過程で直面した困難の様相とその対処を記述した。

本章ではまとめとして、第1節で生活再建の過程における困難の様相を、第2節では自立生活の阻害要因のそれぞれを整理し、第3節でアフターケアの課題を考察する。第2章で述べたように、事例研究はサンプルを代表するものではなく、知識や理論構築に貢献するものである（Yin 1994 近藤訳 2011）。2事例の分析から得られたカテゴリーを用いてDV被害者の生活再建の過程で直面する困難と自立生活を阻む様相のそれぞれを概念化し、DV被害者支援に還元することを目指す。

第1節　生活再建の過程における困難の様相

本節ではまず、A氏とB氏、それぞれの生活再建の過程における困難の様相を振り返り、DV被害者の生活再建の過程における困難の様相の概念化を試みたい。

1－1　事例分析の概要：A氏のケース

A氏の生活再建の過程における困難は、疑似家族ともいえる〈世話をしてくれる友だち〉に支えられた生活共同体、《世話をしてもらう生活》の喪失から始まる。それは《ひとりになる》ことを意味し、【恐怖・不安・孤独との闘い】という新たな困難の始まりであった。

一時保護を経てY市へ転居後、A氏は夫の追跡の【恐怖に追い立てられる】上に、【耐えがたい孤独】に直面し、【子どもの世話どころではない】状態となった。〈孤独〉や《常に警戒態勢》、《イライラを何とかしたい》がためのアルコール摂取や過量服薬による対処は【逃れられない苦しさ】を増悪させた。しかし、《助けがほしい》と思うほどに《地元の友だち・生活と隔たりを感じる》ようになり、《家族を頼れない》A氏は〝地元〟と同様の生活共同体を求め【友だちを求めて彷徨う】。そして、〈関係が切れる恐怖〉のまま、相手に合わせる〈自分のない生活〉を続けることとなり、その苦しさを子どもにぶつける《虐待のような生活》の悪循環に陥った。

子どものショートステイを機に、A氏は〈親の立場〉にあることを自覚するが、〈つながりのない不安〉から新たな友人関係を求め、【〝ママ友〟作りでズタズタになる】。対人関係の難しさに直面したA氏は、自身の親との関係が《依存するしかなかった》という生き方やDV関係に陥った一因であると考え、〈自分を持つ〉という【自立への挑戦】に至った。その過程は【(原)家族への思いを切る】苦しみを伴い、また、《変わるために考える》ものの、《焦る・諦める・止まる》ことの繰り返しであった。しかし、A氏はアフターケアや障害者総合支援法によるヘルパーと築いてきた〝見捨てられることのない〟関係を土台にインフォーマルな関係の試行錯誤を続けた。自身の生き方や対人関係を見直す【落ち着く過程の辛さ】を経て、A氏は【友だちを選んで心が楽になる】、【この家族がいい】と【弾力性を持った生活の安定】に至っている。

1−2　事例分析の概要：B氏のケース

B氏の生活再建の過程における困難は、【被害者であることへの抵抗】が整理されないまま、〈今までの生活〉から分断され、〈金銭面の不安〉を伴った【事情を抱えてしまった生活】から始まる。すなわち、〈安心じゃない〉生活であった。

一時保護を経たB氏が転居した先は【子どもへの負い目】を強化する〈ボロボロの家〉であった。【事情を抱えてしまった生活】は、〈周りの人〉からの視線を意識せざるを得ず、転居地にどのように参入し、位置づいていくかが課題となった。

さらに転居先のW市の生活保護申請時の担当者に〈普通の離婚ではない〉ことが《伝わらない辛さ》は、B氏に重くのしかかり〈余計に辛くなる〉状態に陥った。〈金銭面の不安〉は生活保護の受給により解消されるも、自身が持つ〈生活保護に対する偏見〉と受給せざるを得ない自分との間で《受給の葛藤》が生じた。さらに病院や学校の対応など生活の随所で受給に対する【セルフスティグマ】が強化され、《生活を見られているような息苦しさ》も感じた。

就労し生活保護を辞退することで得た【自分で築いた生活】は、【世間に怯える】必要がなく、母親としての自信を回復し、〈自分がある〉と感じられる生活である。加えて、〈お母さん繋がり〉と《仕事を通した繋がり》は、〈安心〉をもたらしている。

他方、生活が安定すると、【疑問に蓋をする】ことで凌いできた【DV被害との対峙】の作業が始まった。その中でB氏は、子どもには〈どんな父親でも会わせるべき〉と〈面会を勧める人〉や、世間が求める理想の〝離婚家族像〟に対して〈機会があるなら交流すべき？〉と迷いが生じた。〈面会のリスク〉を鑑み、〈守るべきは子ども〉と結論づけるが、〈一人〉での子育てに不安がないわけではない。〈所詮、やっぱり一人〉と言わざるを得ない背景には、《子どもの希望と現実の厳しさ》や〈心底話せる人がいない〉ために相談相手として《子どもを頼ってしまうジレンマ》がみられる。転職はこれら困難への対処として期待がかかる。

1−3　DV被害者の生活再建の過程における困難

ここにおいて、DV被害者の生活再建の過程における困難は、〝コミュニティを失う〟、〝小さくなって生活する〟、〝苦しみの根源を探る〟の3つに整理することができよう。

1　コミュニティを失う

被害当事者の背景はさまざまであるが、一時保護に至るということは、避難しなければならないほどの暴力や追跡があるということである。被害者は安全のために、住み慣れた土地、サポートを得られる親族や友人、築いてきたキャリアなどを手放し、ゼロから新たな生活を始めなければならない。ＤＶによってコミュニティから切り離された当事者は、【恐怖に追い立てられる】上に【耐えがたい孤独】を強いられる。そして恐怖や不安、焦燥感といった【逃れられない苦しさ】の中で、つながりを求めつつも、自分の存在を知られる恐怖から、繋がりたくても繋がれないダブルバインドの状態に置かれる。つながりのない不安は孤立無援感や〈安心じゃない〉感覚を増悪させ、【子どもの世話どころではない】状況や帰宅に導く一因となり得る。

ＤＶから逃れたものの、相談や支援を頼める血縁や交友関係が乏しく、居場所を求める被害者は多い（葛西・上野 2014）。挨拶を交わせる、生活情報を聞ける、子どものことを互いに話せる、そのような人の存在が安心感を高め、恐怖を軽減する。しかし、転居先に位置づくには相応な時間を要する。安全であることと安心であることは同義ではないこと、そして、コミュニティの喪失が新たな困難を招く一因になることが示された。

2　小さくなって生活する

〝小さくなって生活する〟とは、ＤＶ被害者であることや母子家庭であること、生活保護を受給していること等がスティグマとなり、人目を気にして生活する状態をいう。

DVからの離別は自分自身や子どもを暴力やその影響から守ったということである。しかし、諸外国のようにDVが人権侵害であるという認識が希薄な日本社会においては、時に【被害者であることの抵抗】がみられ、加害者よりも被害者の方がDVに対する恥の意識を感じ、他者との関わりに恐れを抱く場合がある（宮地 2013）。ジェンダーによる家族像に縛られ【規範の呪縛】に生きてきた当事者にとっては、離婚や母子家庭となることについても同様のことがいえよう。

また、社会資源や制度の活用は安全、かつ安定した生活を再建する上で不可欠であり、就労支援の不足や経済的な不安が訴えられる中で、生活保護については加害者との離別後、被害者の約３割が受給している（特定非営利活動法人いくの学園 2009）。一方で、生活保護の受給が【セルフスティグマ】となり、それと知られないよう他者との関わりを避け、小さくなって生活する当事者もいる。DVに起因する精神科受診や精神障害者保健福祉手帳によるサービスの利用についても同様のことがいえよう。

DVや母子家庭、社会資源の活用に対する偏見や間違った情報が被害者を苦しめる現状がある。

3　苦しみの根源を探る

〝苦しみの根源を探る〟とは、夫との関係や原家族との関係、そして、自身の生き方に対峙する様相をいう。これは、ハーマン（1992 中井訳 1997）の回復過程の第二段階（想起と服喪）、DV被害者の回復プログラムでは、生きづらさの原因であるDV、及びDVの影響について知るという課題（宗像 2014, NPO 法人女性ネットSaya-Saya 2019）に該当すると考える。

但し、【DV被害者となる】ことに苦しむ当事者もいる。被害者は暴力が起こらないよう、DVの影響が最小限に収まるよう、家族を維持できるよう様々な努力をしている。DVと認めることは、自分自身の恋愛観や選択、これまでの努力、信念などが否定されるような苦しみが生じるかもしれない。しかし、被害者であるという自己の再定義は、DVの責任は加害者にあると明確にし、DVの影響から自分自身を守るために重要である（信田 2012）。

また、日々の生活の中で、フラッシュ・バックに動揺したり、他者と関わったり、〝離婚家族像〟に対応したりする時、【DV被害との対峙】は避けて通れない課題となっている。

さらに、DV関係に陥った理由や他者との関係の難しさを突き詰めると、DV被害に遭う以前の困難に直面することもある。例えば【自立への挑戦】が【（原）家族への思いを切る】ことに繋がったが、この場合、〈親がトラウマ〉となる家庭で育ったこととDVを切り離して考えることはできないであろう。

DVからの回復とは被害者からサバイバーにシフトすることである（高畠 2013）。その過程は、アイデンティティや価値観が揺るがされる苦しみを伴っているといえよう。

第2節　自立生活を（回復を）阻害する要因

本節では、被害者の自立生活を（回復を）阻害する、あるいは促進する要因について検討する。第1節と同様に、A氏、B氏、それぞれの自立生活を阻害・促進する要因を検討し、DV被害者の自立を阻害する要因を考察する。

2-1　事例分析の概要：A氏の自立生活を阻害・促進した要因

A氏の自立生活とは、【友人を選んで心が楽になる】【落ちることがあっても大丈夫】【この家族がいい】という対人関係、自分自身、家族（親子）関係が弾力性を持った安定した生活である。以下に生活の場面ごとの家族を含む対人関係に着目して振り返る。

Y市へ転居時は〈地元の友だち〉と〈シェルターの友だち〉のC氏が【生活基盤を作ってく

れる】が、それは【恐怖に追い立てられる】上に【耐えがたい孤独】に苦しむ【何もかもが嫌な生活】の始まりであった。〈シェルターの友だち〉はA氏の不安や恐怖、孤独感に共感を示すが、実際的な支援を得ることは難しく、【子どもの世話どころではない】状態となった。

この状況から脱するには、実際的な助けと《一人で子どもをみる不安》の軽減が必要であった。しかし、《助けがほしい》と切に願うも、《地元の友だちと切れていく》上に、知り合いも情報もなく、《虐待のような生活》に陥った。A氏は《家族のいない不安を補う》ために【友だちを求めて彷徨う】が、〈無理やり作った友だち〉は《虐待のような生活》の歯止めにはならず、むしろ、〈関係が切れる恐怖〉が生じ、《友だちを縋る》が故に〈自分のない生活〉に苦しむこととなった。

ショートステイを機に、A氏は〈親の立場〉を意識し、「普通」の生活を目指す。生活面ではホームヘルパーを定期的に利用し、家事と育児の負担が軽減された。他方、対人関係においては、《つながりのない不安》から〈ママ友〉を作ろうとするも、〈依存して問題を起こす〉ことが繰り返された。A氏は〈依存する〉原因は、自身の（父）親の養育にあったと考え、〈ここでやっていくしかない〉と決意し、《父親への思いを断ち切る》。

その後もA氏は対人関係で何度も《ズタズタ・ボロボロになる》が《変わるために考える》

ことを続けた。その結果、〈自分を持ち〉自己を確立したA氏には、《つきあう人を選ぶ》《解決方法を選ぶ》《相談相手がいる》というA氏自身、及び対人関係の変化、そして、《うちは3人で家族》と言い切る《母親としての変化》がみられる。

A氏にあっては、〈親の立場〉の認識が生活再建のきっかけとなり、主に対人関係を通した自己の確立が安定した生活に寄与しているといえる。

2-2 事例分析の概要：B氏の自立生活を阻害・促進した要因

B氏の自立生活とは、《子どもがいるから頑張れる》と子どもを原動力に経済的自立を果たした【自分で築いた生活】である。一方で【DV被害との対峙】は続いている。

B氏は〈(夫と子どもと) 4人の生活〉を守ることが妻の役割であると考えてきた。子どもとの生活を守るために妻役割から母親役割へとシフトするが、DVか否かという問題ではなく、【規範の呪縛】を破るという意味を持った。一時保護によって【DV被害者となる】も、直面する課題はどこでどのように生活するかという現実的な問題である。B氏はケースワーカーからの〈自立できる人〉という言葉に後押しされ、【子どもへの負い目】を抱えながらW市で新生活を始めた。

転居先では、DVによる母子家庭、かつ生活保護世帯という【事情を抱えてしまった生活】の中で〈周りの人〉の視線からいかに子どもを守り、母親としての責務を果たしていくかが課題となった。B氏にとっての母親の責務とは〈自分で稼いだお金で食べさせる〉ことであり、B氏は早々に就労した。そして生活再建の過程で、夫に禁忌とされていた〈人に聞く・話す・頼る〉という対処法をとり、他者との関わりや仕事を通し〈自分がある〉と、自己を確立してきた。【自分で築いた生活】は、社会の眼から子どもを守り、【子どもへの負い目】を挽回した先にあったものである。加えて、就労は《仕事を通したつながり》を作り、コミュニティへの所属感に寄与している。

生活が落ち着いた後には、【DV被害との対峙】する姿がみられる。夫の言動について〈暴力を振るうわけではない〉という認識に被害者性は希薄といえよう。しかし、社会が求める〝離婚家族像〟に対しては父親と子どもとの面会を望まず、〈守るべきは子ども〉であると、母親として、子どもの安全を守る姿がみられる。

B氏にあっては、母親というアイデンティティが生活再建を促進している。そして、就労による経済的自立は母親としての自信回復に寄与し、安全で安定した生活を確固としたものにしている。

2-3 DV被害者の自立生活を阻害・促進する要因

A氏、B氏の事例からDV被害者の自立生活を阻害する要因として〝社会資源に繋がった後の孤独感〟、促進する要因として、〝役割を見出す〟が見出された。

1 社会資源に繋がった後の孤独感

〝社会資源に繋がった後の孤独感〟とは、生活保護や保育所など支援制度に繋がっても〈安心じゃない〉、《つながりのない不安》や《一人で子どもをみる不安》の中で、《助けがほしい》という切実な思いをいう。

諸手続きが完了し、新たな生活が始まると、今までの生活との違いを実感していくこととなる。そんな中、DV関係からの離脱後に残ったインフォーマルな関係は生活再建の支えとなるが（増井 2019）、その関係を絶たれている当事者は少なくない。また、孤独感の大きさはインフォーマルな関係のDVへの理解に拠るところも大きい。当事者が《一人で子どもをみる不安》を抱えている場合、母親役割の期待や強調は却って孤独感を深める場合がある。さらに、《つながりのない不安》が自傷行為や精神科薬、アルコール、SNSなどへの依存を増悪させ、〈依存して問題を起こす〉など新たな困難を生じさせる一因となり得ることが示唆された。

転居先で子ども関係や仕事を通し、〈安心できる人〉や〈プラス思考の友人〉〈お母さんつながり〉〈親しい人との縁〉ができ、《相談相手がいる》という安心感を得るには時間を要する。さらに、〈自分がここにいる〉と居場所（所属感）を感じられるコミュニティの再生にインフォーマルな関係は不可欠である。社会資源に繋がった後の生活を安心で、安定したものにするにはインフォーマルな関係が重要であるが、本人のケイパビリティに委ねられている現状がある。

2　役割を見出す

〝役割を見出す〟とは、自立生活を促進する要因である。ここでいう自立生活とは、生活基盤の安定、母親・自己の確立、家族の再統合をいう。

ＤＶの渦中にある時、被害者は自分自身や子どものことよりも、加害者を第一に考えなければならない。本来、〈自立できる人〉であるにも拘わらず、自己肯定感や自己効力感を否定され、〈自分を持つ〉ことを許されない状態である。ＤＶ関係から離別した後もその影響は続くが、子どものいる被害者にとって、〈親の立場〉や母親役割の認識は、《子どもがいるから頑張れる》など、自立を促進する要因となり得る。例えば、経済的自立を果たした【自分で築いた生活】は、【子どもへの負い目】や【セルフスティグマ】を軽減し、母親としての自信の回復を促進している。とりわけ就労は、母親役割を遂行しながら、〝個〟としての〈人とのつながり〉ができるため、自己を回復し、確立するのに有効であると考える。DV被害者の回復プログラムにおいても就労は目標の1つに掲げられている（宗像 2014, NPO 法人女性ネット Saya-Saya 2019）。なお、自立とは就労による生活保護の廃止（終了）を意味するものではなく、早期に就労を促すものでもない。加えて、当事者によっても回復段階によっても自立の意味が異なることに、留意すべきであろう。

当事者においては、母親役割の遂行が自己の確立に繋がる場合もあれば、自己の確立が母親役割の遂行を可能にする場合もある。そして親としての自信の回復が家族観を確固としたものにすることが示唆された。

第3節　アフターケアの課題

本節では、DV被害者の生活再建を支援するアフターケアの役割について考察する。第1項では従来のアフターケアを振り返り、第2項では当事者が抱える困難と阻害要因に対する支援のあり方を考察する。

3-1　従来のアフターケアによる支援

Z施設の例となるが、Z施設では退所後（転居後）に予測される困難やインフォーマルな関係からの支援の有無、Z施設から転居先までの距離（所要時間）、そして予算を鑑みて、主にZ施設から婦人相談所と本人に提案している。

一時保護制度を利用した被害者の場合、転居時には婦人相談所のケースワーカーがコーディネート役となり関係機関への引継ぎが行われる。Z施設ではアフターケアを実施する場合、可能な限り手続きに同行している。その目的は、本人の心身の状態や生活状況、離婚や就労等について関係機関と共通理解を図ること、支援に関する情報を得ること、及びアフターケアの役割について説明し、機関間の連携を確実なものにするためである。DV被害者支援における連携は、被害者が総合的なDV被害者支援システムに繋がり、被害者の基本的人権を支えることに加え、関係機関の間で生じる対抗的関係を改善し、問題への対応の質をより向上させるために重要である（小川 2015）。

また、Z施設では社会資源に繋がった後、新たに生活を築いていく段階の支援も重視している。ＰＴＳＤや気分障害の罹患の高さを鑑みると（柳田他 2004）、精神科受診等に関する支援は必須といっても過言ではない。特に、離婚に至る過程は、ＤＶの渦中にいる時と同様の被支配感や精神的苦痛を伴うため（本田他 2012）、弁護士相談等の同行支援や心理的支援は重要である。さらに生活再建の過程で新たな支援が必要となった場合、コーディネート役を担うこともある。

加えて、家庭訪問もアフターケアにおいて重要な位置を占める。東日本大震災の例であるが、心の健康を保っている被災者にとっては、自宅が面接の場となるため、話しやすさや支援者に対しほどよい依存を向けることが見出されている（樫原 2019）。ＤＶ被害者におけるほどよい依存とは、安全な人との安定した関わりの中で、弱音を吐いたり愚痴を言ったり相談したりするなど、困難の開示や必要に応じた援助要請ができることであると考える。これは土居（2001）のいう健康で素直な〝甘え〟の関係であり、転居先を安心で落ち着ける居場所にする要素が含まれると考える。

当事者への表面的な理解が二次加害となることは矢野（2007）の指摘するところである。また、行き過ぎた支援は当事者の主体性や回復を奪ったり、侵襲的に感じさせたりすることになりかねず、当事者の困難についてより深い理解が支援者には求められる。

3-2　アフターケアの課題

本研究では、ＤＶ被害者の困難について、〝コミュニティを失う〟、〝小さくなって生活する〟、〝苦しみの根源を探る〟ことが見出された。また、自立生活を阻害する要因は〝社会資源に繋がった後の孤独感〟、促進する要因に〝役割を見出す〟ことが示唆された。これらを踏まえ、アフターケアについて検討する。

ＤＶ被害者支援では、社会資源を活用しながら自立を目指すことが定石のようになっているため、社会資源に繋ぐことが重視されている。しかし、マニュアル化した支援がスティグマを負わせる危険性があること、そして、社会資源の活用が困難の早期解決に直結するとは限らないことが示唆された。その理由として、〝コミュニティを失う〟ことと〝小さくなって生活する〟ことが挙げられる。

先述したように、〝コミュニティを失う〟とは、自身が築いてきた生活やインフォーマルな関係による居場所を失うことである。誰にも知られていない、誰のことも知らない転居先を、自分がいると感じられる居場所とするには、インフォーマルな関係が重要である。それは制度に則ったフォーマルな関係とは質が異なるものである。アフターケアでは〝社会資源に繋がった後の孤独感〟への対処として、コミュニティに参入し、インフォーマルな関係を築いていけるよう支援することが課題として挙げられる。

　他方、社会資源や制度の利用は〝小さくなって生活する〟ほどのセルフスティグマを生じさせ、他者との関わりを阻害する要因になることが示唆された。上岡（2010）は相談について、〝被支配〟、〝恥〟、〝解決〟のイメージを抱きやすいと指摘しているが、支援を受けることも同様であろう。さらに、支援を監視に感じたり、評価される恐れを抱いたりすることも起こり得ることに留意する必要がある。支援者は自身の自立の意味、家族観やジェンダー観を意識し、支援することが求められる。

　ＤＶ関係から離別後、当事者は自身が描いてきた家族像やジェンダー観と対峙し、葛藤しながら、自己を確立し、自分の家族を作っていく。アフターケアの意義は、当事者それぞれの家族観や家族の再統合、自立感覚の獲得といった、制度の活用や社会資源に繋がるだけでは成し得ないことに、時間をかけて寄り添うことにあると考える。

終章

本研究では2名のアフターケアの利用者の協力を得て、DV被害後の生活再建の過程で直面する困難と困難が生活再建を阻む様相、それらを乗り越える様相についてGTAを用いて明らかにした。本章では、研究の意義と残された課題、そして本研究の限界について述べる。

1 本研究の意義

本研究の目的は、当事者の視点から生活再建の過程にある困難者への理解を深め、支援のあり方を検討することであった。2名の当事者へのインタビュー調査により得た知見（意義）を以下に述べる。

第一に経済的暴力が当事者と生活再建に及ぼす影響が明らかとなった。これまで、経済的暴力はDV防止法の暴力の定義（DV防止法第1条）に該当しないため、その実態や影響が注目されることは殆どなかった。しかし、DVはジェンダーに基づく暴力であるという認識に立つならば、経済的暴力はDVを考える上で見過ごすことのできない問題である。本研究では、【規範の呪縛】が経済的暴力、及び支配−被支配関係の認識を困難にすることが示唆された。加えて、経済的暴力の特徴として、借金等によって生活再建が不利な状況に置かれること、他の暴力と同様に親族や子ども、友人を巻き込むが、その際に自身の引受ける責任の範囲の確定が難しいことが示された。

第二に【規範の呪縛】はDVの認識のみならず、【DV被害者となる】ことへの抵抗感にも影響することが示唆された。【DV被害者となる】ことがDV関係から離れるための必要条件ではないが、DV被害者であることの受入れは、回復過程において主体性を取り戻す時や〝離婚家族像〟と対峙する時、向き合わざるを得ない課題となっている。

第三にDV被害者が新たな地域に参入していく難しさが明らかとなった。その一因に【事情を抱えてしまった生活】であることが挙げられる。被害者は加害者の追跡を警戒し周囲に〈知られてはいけない〉存在であるが、受入れ側にとっては、〈身内も誰もいない〉〈知らない土地〉に転居してきた〈不思議な存在〉である。転居理由について説明することや、自分について語ることの難しさが他者と関わることを一層困難にしていることに留意する必要がある。

第四に社会資源を利用する際のスティグマに支援側は留意する必要がある。被害者は一時保護に至るまで、状況を打開すべく様々な努力をしている。それが叶わず、一時保護となること自体が傷つきであり、精神科受診といった必要な医療を受けることや公的な支援を受けることが【セルフスティグマ】を強化する場合がある。この背景にはDVそのものやDV被害者、母子家庭（離婚世帯）、生活保護世帯に対する社会の無理解やジェンダーの問題がある。支援においては、被害者が縛られている家族観やジェンダー観から解放されることを目指すだけではなく、被害者が生活する社会にも目を向けることが必要である。

最後にインフォーマルな関係の重要性である。DVを受けても【暴力の場に留まる】背景には原家族との関係があった。とりわけ〈親がトラウマ〉となる家庭に育った若年女性にとっては、虐待かDVかという選択を迫られることも起こり得る。「逃げることも諦めていた」A氏にとって友人のサポートは、支配–被支配関係の中で麻痺している、暴力の深刻さや被害者であるという認識、現実感を呼び覚ました。今回の両氏のインタビューでは〈地元の友だち〉〈シェルターの友だち〉〈無理やり作った友だち〉〈ママ友〉〈お母さん友だち〉などの友人の支援や存在の重要性が語られた。〈安心じゃない〉生活を安心できる生活に転回するには自分自身で築いたインフォーマルな関係が重要となっていたのである。

2　本研究の限界と今後の課題

本研究の参加者であるA氏とB氏は共に子どもがおり、子どもと共に回復過程を歩んできた。しかし、本研究では子どもや親子関係の変容、及び子どもへのDVの影響や母子関係が生活再建に及ぼす影響について検証していない。

「児童虐待等の防止法（2000年制定）」は2004年の改正時に、DVは子どもに対する心理的虐待にあたると定義した。それにより近年は、「面前DV」として児童相談所への通告が増加している（厚生労働省 2022）。また、DVのある家庭では、加害者である父親等が子どもに直接、暴力を振るうことや、被害者である母親からの子どもへの暴力も報告されている（厚生労働省 2019）。DVに曝された期間や子どもの年齢が子ども自身や母子関係、延いては生活再建に影響を及ぼすことは想像に難くない。母子生活支援施設においては、子どもの過剰適応や自己表現の難しさ、父親に対するアンビバレントな感情、攻撃性や易刺激性による子ども同士のトラブル等が観察されている（三村・力武 2008）。そして、このような子どもの攻撃的行動は母子関係を悪化させるため、母子単位での支援が提唱されている（金 2005）。DVの渦中にある時、子どもはどのような状態にあったのか、子どもの発達段階、母子・父子関係、及び子どもの回復も併せて支援のあり方を検討する必要がある。

また、今回の研究参加者は母子家庭の2名であり、アフターケアを普遍的に論じるには限界があった。ジェンダー論、家族規範などについても踏み込んだ議論まで至っておらず、対象を広げて生活再建、及び回復過程の困難を検討していく必要がある。

3　実践における今後の課題

本研究で得られた知見から、DV被害者支援の実践において次の課題が示された。

(1) インフォーマルな関係について

筆者が所属するZ施設では、一時保護中に被害者同士がつながりを持つことに関して推奨していない。恐らく、多くの一時保護施設も同様であると思われる。その理由は、間違った情報の共有や金銭等の貸し借りなどトラブルに発展したり、被害について話をしすぎる、あるいは聞きすぎることで心理的負担が生じたりすることがあるからである。しかし本研究を通し、当事者同士が同じ空間でつながることの意味を認識することができた。一つは、〈被害に遭った人にしか分からない〉苦しさを共感し合え、安心感を得られることである。さらに、本研究で導き出された〈つるむ〉ことの意義は、〝地元〟を離れ、〈ひとりぼっち〉となったこと、そして今後の生活に対する恐怖と不安への対処法である。一方で〈つるむ〉ことの意義を認識したうえで、その危険性や当事者にとってのリスクを十分に再評価する必要もある。この点は筆者のみならず支援者の間で今後共有すべき課題である。

(2) 子どもへの支援

ＤＶ被害者支援の現場では、子どもへの支援の必要性は十分理解されており、母子生活支援施設では心理療法や学習の保障など子どもへのケアも提供されている。しかし、地域で生活する母子家庭では、子どもへのケアは母親一人で担わざるを得ない現状がある。加えて、離婚時の子どもの年齢によっては、Ａ母子のように子どもが父親に対して興味や期待を抱くことも想定される。ＤＶをどのように伝えるか、父親と安全な関係を築くことのできる可能性、あるいは父親（像）を改めて喪失する可能性にいかに対応するかといった課題が見えている。他方、状況が理解できるが故に〈普通ではない経験〉に〈触れてほしくない〉子どももいるであろう。子どもをケアする母親を支える存在が求められる。

また、家を出た理由が分からないままシェルターに来る子どもや母親との生活に不安を抱える子どももいる。母親と子どもの個別の支援と並行し、母子関係やきょうだい関係など包括的な視点からの支援が求められる。

（3）DV被害者支援における今後の課題

今回、A氏、B氏とも自らZ施設に援助を要請しており、一時保護中の支援がその後の援助要請に影響していることが示唆されている。一時保護中から、転居先で安定した生活が早期に実現できるような支援を構築していく必要がある。

本来、アフターケアは希望する当事者全てに提供されるべきであると考える。しかし、実際は予算の都合上、支援側が選別するかたちになっている。この点については、アフターケアの効果の検証方法を検討すること、アフターケアの必要性について婦人相談所、婦人保護施設、自治体等が認識を高める方法を検討すること、同時にアフターケアを実施する際の課題を実践経験のある職員で共有できる仕組みを作ること等が課題として挙げられる。

また、DVについては社会に周知されてきているが、被害者が職場を奪われるケースが後を絶たない。転勤や異動など企業側の協力、及び保護命令（接近禁止命令）の有効な制度など被害者の生活を守る方策が求められる。

謝辞

本書は、２０２０年度に武庫川女子大学大学院臨床教育学研究科に提出し、受理された博士学位論文「ＤＶ被害者の生活再建における困難とアフターケアの課題に関する研究」を加筆修正したものです。

私がＤＶ被害者のアフターケアについて研究をはじめたいと思ったのは、実際にアフターケアを担当する中で、ＤＶの渦中にある時とは異なるものの、様々な困難があることがあまりにも知られていないと感じたからです。被害者の自立支援では社会資源に繋ぐことが重視されています。しかし、繋がった後の自立・回復は当事者に委ねられ、ＤＶ被害者であるが故の困難が見過ごされているように感じてきました。一方で、一歩一歩、確実に自分の生活を築いてきた人もいます。彼女たちの努力を知ってほしい、また、私自身も知りたい、自立支援とは何か考えたいと思っていました。

論文の執筆にあたり、何よりもまず、「自分の経験が他のＤＶ被害者のためになるなら」と、研究に快く参加いただき、貴重な体験を聴かせてくださったA氏とB氏に深く感謝いたします。ここでは両氏のアフターケアを担当した立場から、論文を書き進める中で考えていたことや支援者としての気づき、そして変化について簡単ではありますが、記しておきたいと思います。

A氏の関わりの中で、私は支援–被支援関係やインフォーマルな関係の重要性について何度も考えることとなりました。本文でも触れていますが、A氏へのアフターケアは精神科受診の同行支援から始まりました。そして、【子どもの世話どころではない】状態に対し保育所と連携し、A母子の生活の見守り態勢が整いました。一方で、A氏は【友だちを求めて彷徨う】ようになり、私は《虐待のような生活》を何とかしなければという思いに駆られ、同僚に相談し、《友だちに縋る》代わりにヘルパー利用に繋げようと試みました。本書を書きながら、この期間の緊張感を懐かしく思いつつ、何が起こっていたのかと振り返ってみると、A氏を巡り、フォーマルなサポート機関とインフォーマルな関係（A氏の友だち）との対立、あるいは支援競争になっていたのではないかと思い当たりました。その背景には、私自身がインフォーマルなサポートよりもフォーマルなサポートを優位に考えていたことがあり、【友だちを求めて彷徨う】意味を理解していなかったことを実感することになりました。本文では取り上げていませんが、A氏はインタビューでアフターケアの初期の頃、「林さんとケンカというか言い合いになった」と語っています。内容や原因などは覚えていないとのことですが、この頃のことだと推察します。（私自身は〝言い合い〟は何度もあったと記憶しています。）そして、アフターケアを継続した理由に、「逆に（関係が）切れたらどうするの？　と、怖かった」ことと、「べたべたつきあうわけではないけど、絶対に見捨てられないと思っていた」ことをあげています。これは、友人とは異なる支援への期待と同時に、支援-被支援関係には力関係があることを突かれた思いでした。A氏のケースを書き終え、インフォーマルな関係の重要性や一時保護中の被害者同士が繋がることについて、以前よりは理解できるようになったのではないかと思います。

そして、B氏のケースでは何よりも、私自身がDVとジェンダーの緊密な関係について、いかに理解していなかったか、いかに女性がジェンダー規範に縛られて生きているかを実感しながら書き進めることになりました。この点は現在も課題として残っています。

B氏へのアフターケアは家庭訪問が主で、家電や勉強机が揃い、生活環境が整っていくことは私にとっても嬉しいことでした。初期は〈人目を気にして生活する〉B氏にとって、子どもの誕生日の外食や習いごとをしてもいいのだろうかなど、他者には聞きづらい質問を気軽にできる存在であること、そして、【セルフスティグマ】が少しでも緩和できるようにと心掛けていました。しかし、周囲にとって〈不思議な存在〉であることには思いが至っていませんでした。《よくも悪くも目立つ、よそ者感》にある周囲との距離をどのように埋めるのか。改めて、DVは〈普通の離婚ではない〉ことと、就労は経済的自立以上の意味があることを確認した思いでした。

ところで、目標を《1つ1つクリアする》ことができるB氏にとって、アフターケアの役割は何なのかと考えることもありました。本書を書きながら、B氏がDV被害者であると知っていることが重要であり、被害者支援に関する情報提供や〈一人〉親の不安の軽減、そして、B氏と子どもたちが今の生活をつくってきた証人として存在意義があったと思っています。同時に、私自身がB氏と子どもたちにエンパワメントされていたことも実感しています。

両氏へのインタビューを通し、Z施設のアフターケアでは、弁護士相談の同行や心療内科に繋ぐなど、〝何かをする〞ということが重視され、〝つながり続ける〞ことの意義、換言すると、当事者を一人にしないことの重要性が見過ごされているのではないかと考えるに至りました。また、支援を受ける葛藤や支援側には力があるということも忘れがちになります。これらは施設全体で考え、実践していく課題だと思います。彼女たちの問いに、そして、想いに応えられるよう、これからも研鑽してまいります。

指導教官の倉石哲也先生には、懇切丁寧に辛抱強くご指導いただきました。深く感謝し、お礼申し上げます。先生からの実践に関する問いは、支援者としての姿勢を問い直すものであり、内省はとても苦しい作業でした。しかし、その行為は支援者のための行為になっていないか、A氏、B氏のその行為、言葉は何を求めていたのか、何を意味しているのか、といった支援の原点に立ち戻ることは、両氏の思いに接近することであり、また、実践に繋がるものとなりました。本当にありがとうございました。

副査の小花和 Wright 尚子先生と中尾賀要子先生には、あたたかく励ましていただき、かつ貴重なご指導、ご助言をいただきました。小花和先生には、修士課程でもご指導いただきました。ジェンダーの視点に基づいた的確なご指摘は、DVの本質を考える際、視界が開ける思いがいたしました。中尾先生には、研究方法、とりわけ、〝厚い記述〟とするためのたくさんのご助言、ご指導をいただき、葛藤を伴う作業を支えていただきました。心より感謝申し上げます。

学位請求論文の審査をしていただきました安東由則先生、西本望先生、佐藤安子先生にも多くのご指導、ご助言をいただきました。武庫川女子大学大学院臨床教育学研究科の諸先生方にも深く感謝いたします。

また、前東京女子大学教授の高畠克子先生、兵庫県こころのケアセンターの大澤智子先生にも大変お世話になりました。私がＤＶという言葉を知ったのは高畠先生の授業でした。その後、民間シェルターのボランティアを紹介していただき、現職に就いてからも、ＤＶに関する私の疑問に応え、導いて下さいました。民間シェルターでは、スタッフのＳさんに特にお世話になりました。ボランティアを始めた当時はＤＶ防止法の第一次改正前で、自立支援の重要性を教えていただきました。そして、大澤先生には心理職としての臨床を支えていただきました。また、学会発表でもお世話になり、インタビューの解釈に困る時には臨床からヒントをいただくこともありました。心よりお礼申し上げます。

倉石ゼミの学友のみなさんには多くのアドバイスをいただきました。助手（当時）の須貝香月さん、橋詰啓子さん、高原ひろみさんにも長期に渡り、温かい励ましをいただき、大変お世話になりました。本当にありがとうございます。

そして、研究の意義を認め、研究許可を下さいましたZ施設の前施設長と貴重な資料を提供して下さいました現施設長に感謝申し上げます。また、執筆を励まし、ご協力いただきました同僚に感謝いたします。２０２４年４月からＤＶ防止法の一部が改正され、女性支援法も施行されますが、当事者や現場の困難は法律では追いつかないものがあります。それでも、少しでも安全で安心な生活の手伝いができるよう、Z施設全体で取り組んでいきたいと思います。

私の家族と友人に感謝します。

最後に、花伝社の家入様には書籍化のお話をいただき、多くの助言と励ましをいただきました。お礼申し上げます。

注

1　一般的にＤＶは「家庭内暴力」と訳される。しかし、「家庭内暴力」というと、１９８０年代の子どもから親や祖父母への暴力が連想される場合や親から子どもへの暴力など多義的に使用される場合があるため、配偶者間の暴力は「ＤＶ」と訳さずに用いられている（高畠 2001）。家庭内での暴力については、２０００年に「児童虐待の防止等に関する法律」、２００１年に「配偶者からの暴力の防止及び被害者の保護等に関する法律」、２００６年に「高齢者の虐待の防止、高齢者の養護者に対する支援等に関する法律」が制定され、それぞれに対策がとられている。

2　２０２２年5月に「困難な問題を抱える女性への支援に関する法律」が成立し、２０２４年4月より施行される。これにより、「婦人相談所」は「女性相談支援センター」（第９条）へ、「婦人相談員」は「女性相談支援員」へと名称が変更される（第11条）。

3　「困難な問題を抱える女性への支援に関する法律」の施行後、「婦人保護施設」は「女性自立支援施設」と名称が変更される（第12条）。本書では「婦人相談所」「婦人相談員」「婦人保護施設」と表記する。

4　アフターケアの実施主体は都道府県、実施施設は婦人保護施設であり、予算は都道府県が決定する。費用は国と都道府県が１／２ずつ負担する。２０１９年度までは支援希望者が10名以上いることが実施要件となっていた（2019年度からは5名以上に緩和された）。そのため、施設の規模が小さく希望者が要件に満たない場合、支弁を受けられず、施設が持ち出しでアフターケアを行っているところもある。無償で支援を実施している施設はアフターケア実施施設には含まれていない。

5　DV被害者支援では1995年の第4回北京世界女性会議以降、頻繁に使用されるようになり、「人とのつながりのなかで力を取り戻すこと（平川 2013）」「相談者が本来もっているさまざまな可能性に着目し、それを相談者自身が発見し発展できるように側面から支えていくこと（原田 2013）」「内なる力の回復（森田 2007）」などの意味がある。

6　シェルター退所後にシェルターの近隣のアパート等を利用して生活する長期自立支援。多くの場合、民間シェルターがアパート等を準備し、対象者は利用料を支払い、継続して支援を受ける。

7　婦人保護施設での一時保護は原則2週間であり、それ以降は措置入所という扱いになる。

8　当時、A氏が転居した自治体には、ひとり親家庭のためのヘルパー派遣のサービスがなかったため、精神障害者保健福祉手帳を取得し、ホームヘルプサービスを利用することにした。

9　B氏が転居したW市では、生活保護世帯に民生委員の担当者がつき、毎月、民生委員が「生活保護受給決定通知書」を届けていた。

引用文献

赤石千衣子（2014）．ひとり親家庭　岩波新書

有園博子（2007）．母子生活支援施設入所中母子の援助ニーズと問題行動―DV 被害者と非 DV 被害者の比較―　心的トラウマ研究，3，33-45.

土居健郎（2001）．続「甘え」の構造　弘文堂

藤木美奈子（2007）．傷つけ合う家族―ドメスティック・バイオレンスを乗り越えて　講談社文庫

藤木美奈子（2013）．母子生活支援施設におけるシングルマザーに対するグループ介入プログラムの効果　コミュニティ心理学研究，17（1），82-87.

藤岡淳子（2008）．対人関係における暴力とは　藤岡淳子（編）関係性における暴力―その理解と回復への手立て　岩崎学術出版社　pp.2-13.

福原啓子（2000）．夫・恋人からの暴力―シェルターの実践　母子保健情報，42，29-32.

我謝美左子（2015）．母子生活支援施設における支援の実態と期待されるソーシャルワーク―支援者へのグループインタビューを通して―　聖徳大学研究紀要，26，85-92.

波田あい子（1994）．暴力被害女性民間シェルターの運営と回復援助の試み　アルコール依存とアディクション，11，201-210.

原田恵理子（2013）．婦人相談員による支援　高畠克子（編）DV はいま―協働による個人と環境への支援　ミネルヴァ書房　pp.79-94.

橋本和明（2012）．包括的虐待という視点からみた虐待の深刻化する要因分析―事例のメタ分析を用いた虐待の共通カテゴリーの抽出．心理臨床学研究，30（1），17-28.

林千代（2008a）．敗戦と売春防止法　林千代（編）「婦人保護事業」五〇年　ドメス出版　pp.17-38.

林千代（2008b）．婦人保護事業の辿った道すじ　林千代（編）「婦人保護事業」五〇年　ドメス出版　pp.39-81.

Herman, J.L.（1992）．*Trauma and recovery*. New York: Basic Books.（ハーマン J.L. 中井久夫（訳）（1999）．心的外傷と回復〈増補版〉　みすず書房）

平川和子（2013）．フェミニスト・セラピストによる草の根支援活動：シェルターにおける危機介入支援　高畠克子（編）DV はいま―協働による個人と環境への支援　ミネルヴァ書房　pp.64-78.

本田りえ・野口普子・嶋美香・小西聖子（2012）．ドメスティック・バイオレンス被

害者への司法プロセスにおける心理的サポートの試み　総合病院精神医学 24 (3), 253-260.

堀千鶴子 (2013). 婦人保護施設の実態とその意義　社会福祉研究, 118, 15-26.

堀千鶴子 (2020). 婦人保護施設における就労支援の困難性と課題：施設職員を対象としたインタビュー調査から　城西国際大学紀要, 28 (3), 21-38.

堀田香織 (2005). 母子家庭の家族システムと回復プロセス―学童期の男児を抱える母子家庭を対象として　心理臨床学研究, 23 (3), 361-372.

伊部恭子 (2015). 社会的養護における支援課題としての権利擁護と社会関係の形成―社会的養護経験者の生活史聞き取りから　福祉教育開発センター紀要, 12, 1-16.

今村利香・峰和治 (2010). Domestic Violence (DV) 問題への対処行動と医療・福祉支援　―２被害者の事例分析―　鹿児島大学医学部保健学科紀要, 20, 1-7.

石井朝子・飛鳥井望・木村弓子・永末貴子・黒崎美智子・岸本淳司 (2005). シェルター入所者におけるドメスティック・バイオレンス被害の実態と精神健康に及ぼす影響　精神科治療学, 20 (2), 183-191.

石崎和美・朴木佳緒留 (2014). 母子生活支援施設における母親のエンパワメントプログラムの開発　神戸大学大学院人間発達環境学研究科研究紀要, 7 (2), 191-201.

伊藤大輔・中澤佳奈子・加茂登志子・氏家由里・鈴木伸一・金吉晴 (2015). 外傷後ストレス障害患者の症状と生活支障度に関連する要因の比較検討―トラウマや症状に対する認知的評価、対処方略を用いた検討　行動療法研究, 41 (1), 19-29.

伊藤嘉余子(2013). 満年齢で措置解除となった児童養護施設退所者へのアフターケア：支援内容と支援時期との関連性の検証　社会問題研究, 62, 1-11.

伊藤嘉余子 (2016). 児童養護施設におけるアフターケアの課題―退所理由に焦点をあてて―　社会問題研究, 65, 17-30.

岩本華子・増井香名子・山中京子・児島亜紀子 (2017). 市配置の婦人相談員のDV被害者支援における役割―被害経験者に対するインタビュー調査をもとに―　社会問題研究, 66, 53-64.

岩瀬久子 (2010). DV被害者に対する民間支援団体のアドボカシー活動―米国の現状と日本の課題―　奈良女子大学社会学論集, 17, 115-132.

景山ゆみ子 (2013). 行政コミュニティにおける予防・後方支援　高畠克子 (編) DVはいま―協働による個人と環境への支援　ミネルヴァ書房　pp.192-210.

戒能民江 (2002). ドメスティック・バイオレンス　不磨書房

上岡陽江 (2010). 自傷からグチへ　上岡陽江・大嶋栄子 (著) その後の不自由―「嵐」のあとを生きる人たち　医学書院　pp.73-111.

樫原祐子（2019）．東日本大震災によるPTSDが疑われる住民へのアウトリーチ支援の考察　心理臨床学研究，37（1），40-49.
片山寛信（2018）．当事者が語る児童養護施設のアフターケアの課題とあり方―進学者に焦点を当てて　北海道医療大学看護福祉学部学会誌，14，43-49.
河野ひとみ（2013）．婦人保護施設の今―大阪府立女性自立支援センターからの報告　須藤八千代・宮本節子（編）婦人保護施設と売春・貧困・DV問題―女性支援の変遷と新たな展開　明石書店　pp.219-251.
警察庁（2023）．令和4年におけるストーカー事案、配偶者からの暴力事案等、児童虐待事案等への対応状況について　生活安全局人身安全・少年課刑事局捜査第一課　令和5年3月2日〈https://www.npa.go.jp/bureau/safetylife/stalker/R4_STDVRPCAkouhousiryou.pdf〉（2023年10月1日）
金吉晴（2005）．DV被害を受けた女性とその児童の精神健康調査　厚生科学研究補助金（子ども家庭総合研究事業）（分担）研究報告書，1-20.
木下康仁（2007）．修正版グラウンデッド・セオリー・アプローチ（M-GTA）の分析技法　富山大学看護学会誌，6（2），1-10.
厚生労働省（2018）．婦人保護事業等における支援実態等に関する調査研究（平成30年3月）〈https://www.mhlw.go.jp/stf/seisakunitsuite/bunya/0000212859.html〉（2020年3月20日）
厚生労働省（2019）．令和元年度全国婦人相談員・心理判定員研究協議会　厚生労働省行政説明配布資料．厚生労働省子ども家庭局家庭福祉課母子家庭等自立支援室
厚生労働省（2022）．令和3年度 児童相談所での児童虐待相談対応件数（速報値）2022年9月9日〈https://www.mhlw.go.jp/content/11900000/000987725.pdf〉（2023年9月20日）
厚生労働省（2023）．困難な問題を抱える女性への支援について　婦人保護事業の全体概要〈https://www.mhlw.go.jp/content/001082312.pdf〉（2023年10月1日）
久保原大（2016）．児童養護施設退所者の人的ネットワーク形成―児童養護施設退所者の追跡調査より―　社会学論考，37，1-28.
熊谷早智子（2008）．家庭モラル・ハラスメント　講談社＋α新書
葛西リサ（2008）．ドメスティック・バイオレンス（DV）被害者の住宅確保の困難性　社会政策，1（1），115-127.
葛西リサ・上野勝代（2014）．地域生活者としてのDV被害者の孤立と支援方策に関する研究―機能としての住宅支援からソフトを組み込んだ住まいの支援へ―　住総研研究論文集，40，35-46.

桑島薫（2012）．自己決定からとらえた援助する側と援助を受ける側との関係―社会福祉現場への人類学的アプローチ　杉本貴代栄（編）フェミニズムと社会福祉政策　ミネルヴァ書房　pp.217-235.
桑島薫（2013）．女性の保護空間の再創造に向けた一考察―駆込寺、シェルター、婦人保護施設を手がかりに　須藤八千代・宮本節子（編）婦人保護施設と売春・貧困・DV 問題　女性支援の変遷と新たな展開　明石書店　pp.321-347.
まっち～（2014）．夫からのモラル・ハラスメント　愛する人からの精神的イジメ　苦しいのはあなた一人じゃない　河出書房新社
丸山里美（2021）．政策の実施場面に見る婦人保護事業の実態とジェンダー規範―ある婦人保護施設の資料から　福祉社会学研究，18，35-55.
増井香名子（2011）．DV 被害者は、いかにして暴力関係からの「脱却」を決意するのか―「決定的底打ち実感」に至るプロセスと「生き続けている自己」―　社会福祉学，52（2），94-106.
増井香名子（2019）．DV 被害からの離脱・回復を支援する―被害者の「語り」にみる経験プロセス　ミネルヴァ書房
三村保子・力武由美（2008）．ドメスティック・バイオレンス（DV）のある家庭に育った子どもの援助に関する一考察　西南女学院大学紀要，12，141-148.
南野知惠子・千葉景子・山本香苗・吉川春子・福島みずほ（監修）（2008）．詳解 DV 防止法 2008 年版　ぎょうせい
水無田気流（2014）．シングルマザーの貧困　光文社新書
宮地尚子（2007）．環状島＝トラウマの地政学　みすず書房
宮地尚子（2013）．トラウマ　岩波新書
三宅雄大（2017）．生活保護利用有子世帯の養育者による「自立」の解釈―養育者の語りをとおして―　社会福祉学，57（4），14-27.
宮本節子（2013）．社会福祉施設としての婦人保護施設の現実―その概要と実態　須藤八千代・宮本節子（編）婦人保護施設と売春・貧困・DV 問題　女性支援の変遷と新たな展開　明石書店　pp.13-52.
森田ゆり（1999）．子どもと暴力―子どもたちと語るために　岩波書店
森田ゆり（2007）．ドメスティック・バイオレンス―愛が暴力に変わるとき　小学館文庫
宗像美由（2014）．アフター DV 回復支援活動　― DV 被害者から回復支援者―　保健の科学，56（1），35-40.
村本邦子（2013a）．アメリカにおける DV 防止への取り組みの変遷　高畠克子（編）DV はいま―協働による個人と環境への支援　ミネルヴァ書房　pp.18-34.

村本邦子（2013b）．コミュニティ・セラピストによる支援　高畠克子（編）DV はいま―協働による個人と環境への支援　ミネルヴァ書房　pp.127-139.
武藤敦士（2013）．母子生活支援施設における自立支援計画のあり方について　人間福祉学研究，6（1），105-123.
中井久夫（2018）．中井久夫集 6（1996-1998）いじめの政治学　みすず書房
内閣府男女共同参画局（2001）．配偶者等からの暴力に関する事例調査　内閣府男女共同参画局推進課
内閣府男女共同参画局（2007）．配偶者からの暴力の被害者の自立支援等に関する調査報告書　内閣府男女共同参画局推進課
内閣府男女共同参画局（2015）．男女間における暴力に関する調査（平成 26 年度調査）〈http://www.gender.go.jp/policy/no_violence/e-vaw/chousa/h26_boryoku_cyousa.html〉（2019 年 9 月 20 日）
内閣府男女共同参画局（2020）．ムランボ＝ヌクカ国連女性機関（UN Women）事務局長の声明「女性と女児に対する暴力：陰のパンデミック」（2020 年 4 月 6 日）〈http://www.gender.go.jp/policy/no_violence/pdf/20200410_3.pdf〉（2020 年 4 月 18 日）
内閣府男女共同参画（2021a）．男女間における暴力に関する調査（令和 2 年度調査）〈https://www.gender.go.jp/policy/no_violence/e-vaw/chousa/pdf/r02/r02danjokan-12.pdf〉（2023 年 9 月 20 日）
内閣府男女共同参画局（2021b）．DV 被害者等のための民間シェルター実態調査及び先進的取組事例に関する調査報告書（概要）〈https://www.gender.go.jp/policy/no_violence/e-vaw/chousa/pdf/r02_shelter_renkei.pdf〉（2023 年 9 月 20 日）
内閣府男女共同参画局（2022a）．配偶者暴力相談支援センターにおける相談件数等（令和 3 年度分）〈https://www.gender.go.jp/policy/no_violence/e-vaw/data/pdf/2021soudan.pdf〉（2023 年 9 月 30 日）
内閣府男女共同参画局（2022b）．基本方針市町村基本計画一覧（令和 4 年 10 月 1 日時点）〈https://www.gender.go.jp/policy/no_violence/e-vaw/law/index2.html〉（2023 年 9 月 30 日）
内閣府男女共同参画局（2023a）．配偶者暴力相談支援センターへの相談件数の推移（年次）〈https://www.gender.go.jp/policy/no_violence/e-vaw/data/pdf/soudan_kensu_r04.pdf〉（2023 年 9 月 30 日）
内閣府男女共同参画局（2023b）．配偶者暴力相談支援センター一覧（全国）〈https://www.gender.go.jp/policy/no_violence/e-vaw/soudankikan/01.html（2023 年 9 月 30 日）
中島尚美・岩間伸之（2014）．退所後を想定して今から何をすべきか―母子生活支援

施設における予防的アプローチの検討―　ソーシャルワーク研究，40（1），80-86.
中島幸子（2013）．マイ・レジリエンス―トラウマとともに生きる　梨の木舎
二宮孝富・平塚良子・橋本美枝子・室越寛子（2008）．家族間暴力の研究（1）―韓国のドメスティック・バイオレンス対策―　大分大学大学院福祉社会科学研究科紀要9，1-18.
西田芳正（2012）．排除する社会・排除に抗する学校　大阪大学出版会
西澤哲（1997）．子どものトラウマ　講談社現代新書
信田さよ子（2012）．トラウマとジェンダー　こころの科学，165，28-32.
能智正博（2011）．臨床心理学を学ぶ6　質的研究法　東京大学出版会
NPO法人女性ネットSaya-Saya（2019）．DV被害女性の自立支援プロジェクト燦プログラム〈https://saya-saya.net/activities/sun/〉（2020年4月10日）
NPO法人レジリエンス（2008）．レジリエンスこころのcare講座ファシリテーターマニュアル配布資料
Nutt, R.L.（1999）．*What Causes Men's Violence Against Women?*　By Michele Harway & James M, O'Neil　New York: Sage Publications.（ナットR.L.　鶴元春（訳）(2011)．女性の性役割の社会化, 性役割葛藤, 虐待―素因の検討　パートナー暴力　男性による女性への暴力発生メカニズム ハーウェイM･オニールJ.M（編）北大路書房　pp117-136.）
小川真理子（2015）．ドメスティック・バイオレンスと民間シェルター　被害当事者支援の構築と展開　世織書房
小川裕子（2019）．住居喪失型貧困状態にあった女性の〈生き直し〉の経験から考える施設の役割：「逸脱のヘテロトピア」から「積極的な保護」の空間へ　社会問題研究，68，93-105.
奥山眞紀子（1999）．被虐待児の行動の特徴と臨床的意味　世界の児童と母性，47，6-9.
大岡由佳・金吉晴・前田正治（2009）．症例報告「生活のしづらさ」を抱える慢性PTSDをもつ者へのケア―ソーシャルワーカーの視点から　トラウマティック・ストレス，7（1），60-71.
大沢真理（2015）．日本の社会政策は就業や育児を罰している　家族社会学研究，27（1），24-35.
大嶋栄子（2019）．生き延びるためのアディクション―嵐の後を生きる「彼女たち」へのソーシャルワーク　金剛出版
大塩孝江（2011）．母子生活支援施設　倉明園の実践　子どもの虹情報研修センター紀要，9．110-120.

戈木クレイグヒル滋子（2006）．グラウンデッド・セオリー・アプローチ―理論を生みだすまで　新曜社
酒井肇・酒井智恵・池埜聡・倉石哲也（2004）．犯罪被害者支援とは何か―附属池田小事件の遺族と支援者による共同発信―　ミネルヴァ書房
佐々木典子（2013）．韓国におけるDV防止への取り組みの変遷　高畠克子（編）DVはいま―協働による個人と環境への支援　ミネルヴァ書房　pp.35-48.
東海林路得子（2006）．人身売買被害者の定住化で何が起きたか―1996年から2000年まで―　女性の家HELP（編）希望の光をいつもかかげて―女性の家HELP20年　日本キリスト教婦人矯風会　pp.106-140.
須藤八千代（2003）．ドメスティック・バイオレンスとソーシャルワーク　ソーシャルワーク研究，29（1），10-17.
須藤八千代（2011）．婦人保護施設の現在とその理論的検証　社会福祉研究，13，11-23.
Sullivan，C.M. 2003 Using the ESID Model to Reduce Intimate Male Violence Against Women. *American Journal of Community Psychology*,32(3), 295-303.
高田清恵（2014）．スウェーデンにおける児童虐待と女性への暴力に対する法制度　琉大法学，91，1-22.
高畠克子（1999）．ドメスティック・バイオレンス被害者のための“シェルター活動”―予防・危機介入・アフターケアからみた実践報告―　コミュニティ心理学研究，3（1），1-11.
高畠克子（2001）．フェミニスト・セラピィ活動　山本和郎（編）臨床心理学的地域援助の展開―コミュニティ心理学の実践と今日的課題　培風館　pp.106-127.
高畠克子（2004）．両親間DVの目撃者としての子どもたちへの支援に関する研究―アタッチメント理論を巡って　臨床教育学研究，11，41-50.
高畠克子（2011）．臨床心理学を学ぶ5　コミュニティ・アプローチ　東京大学出版会
高畠克子（2013）．DV被害者とは誰なのか　高畠克子（編）DVはいま―協働による個人と環境への支援　ミネルヴァ書房　pp.50-63.
高橋亜美（2016）．退所後に抱える困難とアフターケアの現状　子どもの虹情報研修センター紀要，14，97-109.
問本弘美・友田尋子（2017）．ドメスティック・バイオレンス（DV）を受けながら子育てする産後の女性の困難　母性衛生，58（1），176-184.
特定非営利活動法人いくの学園（2009）．DV被害当事者の自立支援に関する調査報告書「482人の声を聴きました」　特定非営利活動法人いくの学園

東京都社会福祉協議会母子福祉部会（2022）．母子福祉部会紀要 No.14（令和 2 年度）社会的養護の担い手としての母子生活支援施設の役割と課題　社会福祉法人東京都社会福祉協議会母子福祉部会

東京都社会福祉協議会婦人保護部会（2017）．婦人保護施設実態調査報告書 2013 年度・2014 年度・2015 年度　社会福祉法人東京都社会福祉協議会婦人保護部会調査研究委員会

東京都社会福祉協議会婦人保護部会（2023）．婦人保護施設実態調査報告書 2019 年度・2020 年度・2021 年度―新型コロナ禍特集号―　社会福祉法人東京都社会福祉協議会婦人保護部会調査研究委員会

友田明美（2017）．子どもの脳を傷つける親たち　NHK 出版新書

友杉明日香（2010）．アディクション（依存症）―「命がけ」のメッセージ　井上摩耶子（編）　フェミニストカウンセリングの実践　世界思想社　pp.145-157.

上間陽子（2015）．風俗業界で働く女性のネットワークと学校体験　教育社会学研究，96，87-108.

上野文枝（2007）．DV・PTSD・虐待など精神的ケアを必要とする母親に対するケースワークを考える―母子生活支援施設における日常生活支援を通して―　皇学館大学社会福祉論集，10，17-30.

上野淳子・松並知子・赤澤淳子・井ノ崎敦子・青野篤子（2019）．青年後期と成人前期におけるデート DV 被害―恋人による被支配感に与える影響―　四天王寺大学紀要，67，33-43.

上野淳子・松並知子・青野篤子（2018）．大学生におけるデート DV 被害の男女差―恋人による被支配感と自尊感情に与える影響　四天王寺大学紀要，66，91-104.

宇治和子（2013）．DV 被害を抱えた母親における子どもの存在　子ども社会研究，19，105-118.

宇治和子（2014）．DV 被害女性の体験の意味づけ―加害者との関係を断ち切れない理由とは―　臨床心理学研究，51（1），14-27.

Walker，L.E.（1979）．*The Battered Woman*．New York: Harper & Row．（ウォーカー L.E.　斎藤学（訳）（1997）．バタードウーマン　虐待される妻たち　金剛出版）

山田典子・宮本真巳・山本春江・米山奈奈子・工藤奈織美（2006）．DV 被害者の回復過程における心象環境の変化と看護課題　青森県立保健大学雑誌，7（1），53-66.

やまだようこ（2007a）．ナラティヴ研究　やまだようこ（編）質的心理学の方法―語りをきく―　新曜社　pp.54-71.

やまだようこ（2007b）．ライフストーリー・インタビュー　やまだようこ（編）質

的心理学の方法―語りをきく― 新曜社 pp.124-143.
柳田多美・米田弘枝・浜田友子・加茂登志子・金吉晴（2004）ドメスティック・バイオレンス被害者の短期トラウマ反応とその回復―公立施設での一時保護活動を通して― 心理臨床学研究，22（2），152-162.
矢野裕子（2007）．DV 支援現場における支援者による被害―二次被害当事者へのインタビューから― 西山学苑研究紀要，2，19-36.
安田裕子（2014）．DV 被害を受けた母子への支援―法と心理・福祉の連携と協働の観点から― 科学研究費補助金新学術領域研究「法と人間科学」公募研究報告書
Yin, R.K.（1994）．*Case Study Research 2/*e. New York: Sage Publications.（イン R.K. 近藤公彦（訳）（2011）．新装版ケース・スタディの方法 第２版 千倉書房）
米田弘枝（2009）．ドメスティック・バイオレンスによる幼児の被害と支援効果 心理臨床学研究，27（3），257-265.
米山奈奈子（2005）．DV 被害女性が体験した支援と回復に関する一考察―回復過程における支援の現状と医療機関の役割― 秋田大学医学部保健学科紀要，13（1），23-33.
吉田博美・小西聖子・影山隆之・野坂祐子（2005）．ドメスティック・バイオレンス被害者における精神疾患の実態と被害体験の及ぼす影響 トラウマティック・ストレス，3（1），83-89.
吉田恭子(1996)．女性問題とソーシャルワーク―ソーシャルワーク実践におけるフェミニスト・アプローチ― ソーシャルワーク研究，22（2），119-124.
吉川真美子（2007）．ドメスティック・バイオレンスとジェンダー 適正手続きと被害者保護 世織書房
吉中季子（2012）．デンマーク国立社会研究所「デンマークにおける DV 被害女性のためのシェルター」(1) 名寄市立大学紀要，6，49-61.
吉中季子（2013）．デンマーク国立社会研究所「デンマークにおける DV 被害女性のためのシェルター」(2・完) 名寄市立大学紀要，7，65-77.
吉中季子（2017）．ドメスティック・バイオレンスにおける「経済的暴力」の概念―その予備的考察― 社会問題研究，66，65-77.
湯澤直美（2007）．社会福祉政策とジェンダー・アプローチ―日本・韓国・台湾におけるドメスティック・バイオレンス対策を通して― 社会福祉学，48（3），103-108.

林 久美子（はやし・くみこ）
武庫川女子大学大学院臨床教育学研究科臨床教育学専攻博士後期課程修了、博士（臨床教育学）。臨床心理士・公認心理師。大学院修士課程（臨床心理学）在学中に民間シェルターでボランティアを経験した後、婦人保護施設に勤務。婦人保護施設勤務9年目から臨床教育学を学び、現在も同施設でDV被害者支援に携わる。
「第10章　臨床心理士による支援」高畠克子編『新・MINERVA福祉ライブラリー⑮　DVはいま—協働による個人と環境への支援—』（ミネルヴァ書房、2013年）ほか

DVとアフターケア——暴力・虐待からの生活再建と支援制度

2024年2月25日　　初版第1刷発行

著者 ——林　久美子
発行者 —平田　勝
発行 ——花伝社
発売 ——共栄書房
〒101-0065　東京都千代田区西神田2-5-11出版輸送ビル2F
電話　　03-3263-3813
FAX　　03-3239-8272
E-mail　info@kadensha.net
URL　　https://www.kadensha.net
振替 ——00140-6-59661
カバーデザイン—北野あゆみ（calamar）
印刷・製本—中央精版印刷株式会社

ISBN978-4-7634-2104-3 C0036